KB204233

"제임스 B. 스미스는 정확히 알고 있다. 그리스도인이란 부여받은 신분이라기보다 밟는 여정, 곧 그리스도를 닮아 가는 여정이라는 점을. 이 도제徒弟 여정은 바른 신앙 배우기라기보다 바른 훈련 실행하기다. 점점 그리스도를 닮으려면 스미스가 말한 '영성 훈련'이 필요하다. 그래서 《위대한 여정》은 아주 흥미진진하고 귀한 책이다. 《위대한 여정》으로, 제임스 B. 스미스는 그리스도의 나라에 깊이 잠겨 살려는 모두를 위해 길을 낸다."
—브라이언 잔드, 미주리주 세인트조지프 생명의말씀Word of Life 교회 목사,
《사랑의 하나님 손에 붙들린 죄인들Sinners In the Hands of a Loving God》의 저자

"영성 형성을 이야기하는 저자들과 영성을 가르치는 인도자들은 영성 훈련에서 이야기와 내러티브와 여정으로 옮겨 왔다. 제임스 브라이언 스미스는 이러한 변화의 주도자다. 이 책을 통해 우리는 하나님 나라 이야기에 폭 안기게 된다. 그것은 우리를 믿음과 소망과 사랑으로, 그리고 다른 무엇보다도 기쁨으로 인도하는 이야기다. 성령 하나님의 은혜로 이 책은 교회를 기쁨이라는 놀라움으로 인도할 것이다."
— 스캇 맥나이트, 노던 신학교 신약학 교수

"제임스 B. 스미스는 학자의 깊이와 친구의 다정함으로 우리가 간절히 기억하고픈 깊은 진리를 제시한다. 하나님이 가까이 계시고, 예수님이 우리와 함께하시며, 그분의 나라는 강하고 흔들리지 않는다는 진리 말이다. 삶을 실제로 바꿔 놓을 진리를 찾고 있다면, 꼭 이 책을 읽으라."
—에밀리 프리먼, 《그냥 화요일Simply Tuesday》의 저자

"제임스 B. 스미스를 보내 주시고, 또 그를 통해 하나님 나라의 삶으로 인도하는 멋진 안내서까지 주신 하나님께 감사드린다."

—**존 오트버그**, 멘로Menlo 교회 담임 목사, 《관계 훈련》의 저자

"예수님의 제자로서 어떻게 성장할지 생각할 때면 하나님을 위해 우리가 하는 행동에 초점을 맞추기 일쑤다. 그러나 하나님은 겸손하게 받아들이는 태도를 기르라고 하신다. 그러면 거룩한 행동이 뒤따르기 때문이다. 순종은 은혜에 대한 반응이다. 자신을 내주는 행위는 사랑에 대한 반응이다. 스미스는 이 책에서 삶으로 경험한 지혜를 토대로 말한다. 하나님의 관대하심에 사랑으로 자신을 내줌으로써 경험하는 변화의 특권을 말한다. 이 책을 강력히 추천한다."

—**앨런 패들링**, 《느긋한 제자》와 《서두르지 않는 지도자An Unhurried Leader》의 저자

"깊이 있으면서 친근하고 심오하면서 인격적인 제임스 B. 스미스는 영성 형성 분야에서 손꼽히는 저자다. 그는 이 위대한 여정의 이상적인 안내자다. 그와 함께 걷다 보면, 하나님이 계획하신 대로 선하고 아름다운 모습으로 변해 가는 자신을 발견할 것이다."

—**켄 시게마츠**, 밴쿠버 텐스Tenth 교회 목사, 《예수를 입는 시간》의 저자

《위대한 여정》에서 제임스 B. 스미스는 기독교 전통의 다양한 목소리와 운동을 활용해 예수님의 길을 그려 낸다. 그의 글은 대화를 나누는 것처럼 쉽고, 표현하기 어려운 것을 말할 때도 멋진 이야기로 가득하다. 그는 신비와 생생한 현실을 동시에 제시할 줄 안다. 가장 놀라운 점은 예수님을 더 알고 싶게 만드는 삶의 비전을 제시한다는 것이다."

—**티스 해리슨 워런**, 《오늘이라는 예배》의 저자, 북미 성공회 사제

위대한 여정

예수 그리스도를 닮아 가는 길

위대한 여정

제임스 B. 스미스
전의우 옮김

비아토르

달라스 윌라드에게 이 책을 바친다.
그는 영생이라는
이 위대한 여정에 나를 초대했고
이 여정에서 나를 이끌어 주었다.
그가 없었다면 이런 여정이 있는 줄도
몰랐을 것이다.

제2부
하나님 나라의 덕목 기르기

소그룹, 교회학교, 집이나 카페에서 모이는 소모임 같은 공동체 모임에서 이 책을 읽기를 권한다. 다른 사람들과 함께 읽으면 책의 효과가 배가될 것이다. 혼자 읽을 때는 다음 중 처음의 네 가지 제안만 참고하면 된다. 어떻게 이 책을 활용하든, 하나님이 당신 안에 능히 선한 일을 이루시리라 확신한다.

1. **준비**: 빈 공책이나 일기장을 준비하라. 본문 사이사이의 글 상자에 나온 질문들에 대한 답을 이 공책에 기록하라. 그리고 각 장의 끝머리에 있는 영혼의 훈련을 하면서 드는 생각과 느낌도 기록하라.
2. **읽기**: 한 장 한 장 찬찬히 읽어라. 급하게 읽거나 모임 전에 몰아서 읽지 않도록 하라. 내용을 소화하고 적용할 시간을 가지려면 주초에 미리 읽기 시작하는 것이 좋다.
3. **적용**: 그 주의 '영혼의 훈련'을 마무리하라. 그 장의 내용

위대한
여 정

과 관련된 훈련을 함으로써 배우고 있는 개념과 이야기를 더 깊이 이해하게 될 것이다. 영혼의 훈련은 회복하는 시간이 되기도 한다. 하나님께로 인도해 주기 때문이다. 이 책에서 소개하는 영혼의 훈련은 여러 날에 걸쳐서 할 때 가장 효과적이다.

4. **묵상**: 공책에 생각과 감상을 적으며 자신을 돌아보는 시간을 가져라. 평소에 일기를 쓰지 않더라도, 질문에 대한 답과 묵상 내용을 계속 기록하고 쌓아 나갈 방법을 마련하기 바란다.

5. **나눔**: 듣고 나눌 준비가 된 사람들과 모임을 만들어라. 모두가 미리 시간을 내서 질문에 답해 온다면 훨씬 더 풍성하고 유익한 모임이 될 것이다. 나눔의 규칙을 기억하기 바란다. 말하기보다 두 배로 들으려 애써라. 하지만 듣기만 해서는 안 된다. 자신의 이야기를 들려줘라! 다른 사람들은 당신의 생각과 경험을 통해 배울 것이다.

6. **격려**: 모임 시간 외에 따로 시간을 내서 교제를 나눠라. 정해진 모임 사이에 문명의 이기를 잘 활용해 서로의 소식을 나누기 바란다. 메신저에 단체 대화방을 만드는 것도 좋은 방법이다. 한 사람이 생각이나 질문을 대화방에 올리면 모두가 함께 대화할 수 있다. 혹은 매주 일부러 한 명 이상의 사람에게 격려의 말을 담은 메시지를 보내는 것도 좋은 방법이다.

일러두기

• 본문에 인용한 성경은 대한성서공회에서 펴낸 새번역판을 따랐습니다. 개역개정
판을 인용한 경우에는 따로 표기하였습니다.

• 저자의 주는 아라비아 숫자로 표기해 책의 맨 뒤에 설명을 달았고 옮긴이의 주는
해당 페이지에 *로 표시해 아랫부분에 설명을 붙였습니다.

제1부

하나님 나라에
깊이 잠기는 삶

제1장

내어드림의 길

숲속에 두 갈래 길이 있었다고,
나는 사람이 적게 간 길을 택하였다고,
그리고 그것 때문에 모든 것이 달라졌다고.
—로버트 프로스트(1874-1963)

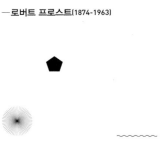

신학교 2학년 시절, 내 삶을 안전하게 묶어 놓았던 영적 밧줄이 풀렸다. 나는 하나님에 **관해** 공부했지만, 정작 그분**한테서는** 멀어졌다. 그래서 닷새 동안 북동부의 어느 성공회 수도원에서 조용히 시간을 보내면서 잃어버린 영적 온기를 되찾아 보기로 했다.

수도원에 도착하니, 매일 한 시간씩 내 영적 안내자가 되어 줄 수도사 한 명이 배정되어 있었다. 그 수도사는 모자 달린 수도복 안에 조깅복을 입고 내 앞에 나타났다. 그 모습을 보자 실망감이 밀려들었다. 수염이 무릎까지 내려오며 이글대는 푸른 눈으로 내 영혼을 꿰뚫어 볼 지긋한 나이의 수도사를 기대했던 탓이다. 그런데 내 앞에 턱 하니 나타난 사람은 '조깅복 차림의 수도사'였다.

내 안내자는 그날, 딱 한 가지 과제를 내주었다. 누가복음 1장

위대한
여 정

의 수태고지 이야기를 묵상하라는 것이었다. 방으로 돌아가 과제 하나로 어떻게 시간을 다 채울지 궁리했다. 그러다 이런 생각이 들었다. '어쨌든, 몇 시간이면 본문 전체를 해석할 수 있겠지!'

그날, 온종일 조용히 무엇을 했을 것 같은가?

방에 가만히 앉아 성경을 펴서 읽기 시작했다. "탄생 이야기네." 혼자 중얼거렸다. 그리고 한 시간 동안, 여느 훌륭한 주석가들처럼 성경 구절을 자르고 붙여 몇 가지 해석을 만들어 낸 뒤 몇 시간을 가만히 앉아 있었다. 시간이 흐를수록 방이 점점 작아지는 느낌이었다. 창밖 풍경도 별것 없었다. 나중에 알았지만, 다른 방들은 달랐다. 거기서는 수도원 곁을 흐르는 강과 어우러진 아름다운 풍경이 보였다. 바깥 풍경이 별것 없었기에, 내면을 들여다보는 작업에 몰두할 수밖에 없었다. 영적 복을 찾기를 바랐지만, 그때만큼 뼈저리게 혼자임을 느낀 적이 없었다.

이튿날, 수도사를 다시 만나 내 영적 삶에 대한 이야기를 나눴다. 그는 전날 내준 숙제를 잘했느냐고 물었다. 나는 심오한 영적 계시에 비하면 부끄럽기 짝이 없지만, 그래도 몇 가지 통찰력 있는 해석을 해냈다고 대답했다. 내가 찾아낸 해석을 들으면 수도사가 감탄할 거라는 기대도 약간 했다.

그런데 그게 아니었다.

"이 단락을 읽은 목적이 뭐였나요?" 수도사가 물었다.

"목적이요? 본문의 의미를 이해하는 것이었죠."

"다른 건 없었고요?"

내어드림의
길

"네. 다른 게 또 있나요?" 나는 잠시 머뭇대며 말했다.

"본문이 무엇을 말하고, 무슨 뜻인지 찾아내는 게 전부가 아니에요. 이것 말고 더 있어요. 이런 질문도 있어요. 본문이 형제님에게 무엇을 가르쳤습니다? 본문이 형제님에게 어떤 것을 말했습니까? 형제님이 무엇에라도 부딪혔습니까? 가장 중요한 점은 이거예요. 형제님은 성경을 읽으면서 하나님을 경험했습니까?"

수도사는 둘째 날도 같은 과제를 내주며, 먼저 머리가 아니라 가슴으로 읽으라고 했다.

어떻게 해야 할지 전혀 감이 없었다. 처음 세 시간, 해 보고 또 해 보았다. 실패하고 또 실패했다. 본문을 거의 외울 정도로 읽었지만, 본문은 여전히 생명력이 없고 지루하기만 했다. 방이 훨씬 작아진 느낌이 들었다. 밤이 뒤덮은 적막감에 귀가 멀 듯했다.

다음 날, 우리는 다시 만났다. 절망에 빠진 채, 나는 과제를 해내지 못했다고 말했다. 그 순간, 조깅복 아래 숨어 있던 지혜가 모습을 또렷이 드러냈다.

"형제님은 너무 애쓰고 있군요. 형제님은 하나님을 통제하려 하고 있어요. 혼자 해내려는 거죠. 돌아가서 본문을 다시 읽으세요."

"이번에는 마음을 열고, 하나님이 형제님을 위해 준비하신 것은 무엇이든 받아들이세요. 하나님을 조종하려 들지 말고, 그냥 받아들이세요. 하나님과의 소통은 형제님이 주도해서 얻을 수 있는 게 아니에요. 그건 일종의 잠 같은 거예요. 자신을 잠재울 수는 없잖아요. 하지만 자신이 잠드는 상황을 만들 수는 있죠. 그런 상황을 만들어 보세요. 그렇게만 해 보시면 좋겠어요. 성경을 펴서, 천천히 읽고 성경에 귀 기울이며 성경을 묵상해 보세요."

방으로 돌아가 다시 성경을 읽기 시작했다(이제는 방이 감방 같았다). 사방이 고요하기 이를 데 없었다. 한 시간 후, 나는 소리를 지르고 말았다. "포기했어! 당신이 이겼다고!"(그때 누구를 향해 소리 질렀는지 확실치 않다.) 의자에 풀썩 엎드려 울기 시작했다. 하나님이 내가 포기하길 기다리신다는 생각이 들었다.

● 자신의 내면을 들여다보는 게 어려울 때가 왜 그렇게 많은가? 우리가 발견할까 봐 두려워하는 것은 무엇인가?

잠시 후, 성경을 집어 들고 다시 읽었다. 친숙한 단어 하나하나가 이제 다르게 보였다. 읽는데, 머리와 가슴이 유연해졌다. 이제는 단락의 의미나 핵심을 알아내려 애쓰지 않았다. 그저 읽으며 들었다.

크게 사랑받는 마리아의 대답, "당신의 말씀대로 나에게 이루어지기를 바랍니다"에 눈길이 갔다. 하나님의 아들을 낳으리라는 놀라운 약속을 하나님이 주셨을 때, 마리아가 했던 대답이다. "당신의 말씀대로 나에게 이루어지기를 바랍니다." 이 말씀이 머릿속을 떠나지 않았다. 그때 하나님이 내게 말씀하셨다. '전부 머릿속에서' 또는 '상상 속에서' 일어났다고 할지도 모른다. 그러나 하나님이 달리 어떤 다른 방법으로 말씀하시겠는가?

마치 창문이 활짝 열리고, 할 얘기가 있는 친구처럼 하나님이 느닷없이 나타나신 것 같았다. 누가복음의 이야기에 대한, 하나님에 대한, 마리아에 대한, 나에 대한 대화가 이어졌다. 마리아에 대해 알고 싶어졌다. 마리아의 감정, 마리아의 의심, 마리아의 두려움, 하나님의 요구에 반응하는 마리아의 놀라운 의지가 궁금했다.

여기에 자극받은 나는 (또는 성령께서 나를 감동시켜) 내 순종의 한계에 관해 물었다. 마리아의 순종에 비하면 내 순종은 너무도 보잘것없어 보였다. 천사가 마리아에게 말했다. "두려워하지 말아라." 우리는 두려움에 관해 얘기했다. 나는 무엇을 두려워했는가? 무엇이 나를 가로막았는가?

천사가 마리아에게 말했다. "그대는 하나님의 은혜를 입었다." 나는 하나님께 은혜를 입었는가? 그렇다고 느꼈다. 그러나 내가 했던 어떤 행위 때문이 아니었다(그 방에서 겸손이 내 친구가 되었다). 내가 하나님의 자녀이기 때문에 은혜를 입은 것이다.

나의 미래도, 소명도 궁금했다. 하나님은 내게 무엇을 원하시는가? 마리아는 방금 자신의 운명을 알게 됐다. 나의 운명은 무

위대한
여 정

엇인가? 우리는 내가 자원하면 어떻게 될지, 사실 어떻게 될 수 있을지 얘기했다. 내가 자원하면 말이다. "집어 들고 읽어라"라는 목소리를 듣고 성경을 펼쳤던 아우구스티누스(354-430)처럼, 나는 벼랑 끝에 내몰렸고 아주 오랜만에 듣는 자세를 취했다. 절망에 관해 할 말이 많다. 절망이 나를 기도로 이끌었기 때문이다. 내 기도는 사실 애원이나 마찬가지였다. 나를 도와주십시오! 한 시간을 숙고하고 경청한 후, "당신의 말씀대로 나에게 이루어지기를 바랍니다"라는 마리아의 대답이 마침내 내 기도가 되었다. 몸부림이 끝났다. 내 삶에 대한 통제권을 잃었지만, 그와 동시에 마침내 내 삶을 찾았다.

작아 보였던 방이 이제 널찍해 보였다. 별것 없는 풍경은 이제 중요하지 않았다. 내 눈에 보이는 풍경은 아름답기 그지없었다. 적막이 더는 아무런 문제가 되지 않았고, 더 이상 초조하지도 않았다. 이제 적막이 평화롭게 느껴졌다. 성 아우구스티누스가 말했듯이, 혼자라는 끔찍한 느낌은 하나님이 "나보다 내게 더 가까이"[1] 계신다는 느낌으로 바뀌었다.

나에게 이루어지기를 바랍니다

●

내가 가장 좋아하는 그림은 헨리 오사와 타너(Henry Ossawa Tanner, 1859-1937)의 〈수태고지 *The Annunciation*〉다. 이 그림의 배경은 누가복음 1장 26-38절이다. 가브리엘 천사가 마리아를

〈수태고지〉, 헨리 오사와 타너, 1898

찾아와 그녀가 세상을 구원할 아들을 낳으리라고 말하는 장면
이다.

　타너는 아프리카계로, 아프리카 감리교 성공회African Methodist
Episcopal Church 목사의 아들로 태어났다. 자라면서 성경을 깊이
사랑하고 아주 깊이 알게 되었다. 인종적 증오와 인종차별이 심
한 세상에서 그리스도인으로 살아가는 힘겨운 도전도 직접 경
험했다. 말년은 차별이 덜한 파리에서 보냈다.

　타너는 1897년에 이집트와 팔레스타인 여행을 마치고 파리
로 돌아와 〈수태고지〉를 그렸다. 이 여행을 하는 중에 타너는

위대한
여 정

성지^{聖地}를 보고 싶어 했다. 더 생생한 그림을 그리고 싶었기 때문이다. 거의 모든 마리아 그림에서, 특히 〈수태고지〉 그림 속에서 마리아는 값비싼 옷을 차려입은 부유하고 아름다운 성인^{成人}으로 묘사된다. 평온한 표정에 성스러움을 보여 주는 후광도 비친다. 마리아가 자리한 건축물도 웅장하다. 반면에 타너의 그림에서, 마리아는 소박한 농가의 소박한 농부 옷차림을 한 사춘기 소녀로 보인다. 헝클어진 이불에서 빠져나와 침대에 앉은 마리아는 잠이 덜 깬 듯한 모습이다. 자세히 보면, 마리아의 발가락이 담요 밖으로 나온 것까지 보인다.

● 타너의 〈수태고지〉를 보았을 때, 첫 반응은 어떠했는가? 이 그림이 사실적이라고 느꼈는가, 아니면 당혹스럽게 느꼈는가?

대부분의 〈수태고지〉 그림에서, 가브리엘은 날개 달린 힘 있는 존재로 묘사된다. 타너는 가브리엘을 빛기둥으로 그렸다. 가브리엘에게서 나오는 빛이 방을 가득 채우고(그림자에 주목하라), 마리아의 얼굴을 그림의 한가운데 배치했다. 내가 이 그림에서 가장 좋아하는 부분은 마리아의 얼굴이다. 마리아의 얼굴은 두려움과 믿음, 불안과 복종의 완벽한 조합이다. 숱한 〈수태고지〉 그림에서, 마리아는 읽거나 기도하거나 일하고 있다. 이로써 자신의 경건과 지성과 부지런함을 보여 주려는 것이다. 그러나 타너의 그림에서는 그런 전형적인 모습이 보이지 않는다. 여기서 마리아는 우리가 아는 한, 아무것도 하지 않는다.

내가 이 그림을 사랑하는 것은 단순하고 평범하기 때문이다. 스캇 램Scott Lamb이 말하듯이, "타너는 마리아가 하나님의 뜻에 평화롭게 복종하는 순간을 그렸다. 그러나 이 순간에서조차 마리아는 평범해 보인다. 그것은 우리 역시 삶에서 하나님의 뜻을 마리아처럼 따를 수 있다는 의미다."[2]

● "나에게 이루어지기를 바랍니다"라는 고백, 곧 내어드림은 위대한 여정의 출발점이자 참가 조건이다.

비틀스가 〈렛 잇 비Let it Be〉를 노래하기 오래전, 마리아는 가브리엘 천사에게 "나에게 이루어지기를 바랍니다Let it be with me"라고 답했다. 나에게 이루어지기를 바랍니다. 나는 받아들였다. 이것은 순종과 내어드림을 표현하는 말이다. 이것은 하나님의 뜻을 받아들인다는 선언이다. 이것은 마리아의 의지와 삶을 하나님께 내어드린다는 뜻이다. 이것은 마리아의 아들이 수년 후 좁은 길을 가르칠 때 선포하실 말씀과 일치한다. 좁은 문으로 들어갈 때, 하나님 나라의 삶에 깊이 잠기는 우리의 위대한 여정이 시작된다.

● 좁은 문으로 들어간다는 것은 예수님의 도제로 살고, 그
분의 모든 가르침에 순종하겠다는 선택이다.

좁은 문

●

"나에게 이루어지기를 바랍니다"라는 고백, 곧 내어드림은
위대한 여정의 출발점이자 참가 조건이다. 이것은 순종하는 자
세다. 내어드림과 순종은 하나님 나라에 깊이 잠기는 삶으로 들
어가는 문이다. 산상설교(마 5-7장)는 인류 역사상 가장 위대한
선생, 곧 예수님이 주신 가장 위대한 가르침이다. 산상설교의
중심 구절은 마태복음 6장 33절이다. "너희는 먼저 하나님의
나라와 하나님의 의를 구하여라. 그리하면 이 모든 것을 너희에
게 더하여 주실 것이다." 하나님 나라를 먼저 구한다는 것은 하
나님의 뜻을 행하고 하나님의 길을 따라 살기를 갈망한다는 것
이다. 이렇게 할 때, 하나님 나라의 능력과 공급과 보호를 경험
하며 산다.

산상설교 뒷부분에서, 예수님은 청중에게 말씀하신다. "좁
은 문으로 들어가거라. 멸망으로 이끄는 문은 넓고, 그 길이 널
찍하여서, 그리로 들어가는 사람이 많다. 생명으로 이끄는 문은
너무나도 좁고, 그 길이 비좁아서, 그것을 찾는 사람이 적다"(마
7:13-14). 이것은 오 리를 더 가겠다는 선택이고, 받기보다 주겠

내어드림의
길

다는 선택이며, 형제나 자매에게 화내지 않겠다는 선택이고, 자신을 저주하는 자들을 축복하겠다는 선택이며, 서로 용서하겠다는 선택이고, 판단하거나 염려하지 않겠다는 선택이다.

어느 주석가의 말처럼, "예수님 자신이 좁은 문이며, 하늘나라에 들어오라는 그분의 초대에 응하는 사람들이 이 문을 통과한다. 그러므로 제자의 길은 이 땅에서 사는 내내 펼쳐져 있으며 궁극적으로 영생으로 이어진다."[3] 좁은 문으로 들어간다는 것은 예수님의 도제로 살고, 그분의 모든 가르침에 순종하겠다는 선택이다. 잠시 멈추어 (앞서 말한) 예수님의 도제에게 요구되는 것들을 생각해 보라. 그러면 "찾는 사람이 적다"라는 예수님의 말씀이 무슨 뜻인지 알 것이다. 이 말씀은 슬프지만 사실이다. 대다수는 자신을 저주하는 자들을 축복하지 않을뿐더러 축복하려 애쓰지도 않는다. 가혹한 평가 같지만, 이것은 많은 그리스도인에게도 적용된다. 어떤 사람들은 교인들의 10퍼센트 정도만 실제로 이러한 명령들에 순종하려 한다고 본다. 목사들과 많은 일을 하는데, 이런 수치를 그들에게 말하면 가장 공통적으로 하는 대답이 바로 이거다. "수치를 너무 높게 잡은 거 같은데요."

적게 간 길

●

예수님과 그분의 가르침에 순종하며 살겠다는 선택은, 로버트 프로스트의 표현처럼, "적게 간 길"이다. 더 많이 간 길은 예수님이 말씀하신 넓은 문이다. "멸망으로 이끄는 문은 넓고, 그 길이 넓찍하여서, 그리로 들어가는 사람이 많다"(마 7:13). 예수님은 나쁘게 말씀하시는 게 아니라 솔직하게 말씀하신다. 인간은 쉬운 것에 끌리게 마련이다. 타락한 우리는 또한 캄캄한 세상에서 캄캄한 마음으로 살아간다. 고립되어 혼자라고 느끼며, 두렵고 불안해한다. 우리가 사는 세상은 "자신부터 챙겨라", "욕심은 나쁜 게 아니다", "착한 놈이 지는 거야"라고 가르친다. 이것들은 더 많은 사람이 간 길이다.

그러나 이것들은 위대한 여정으로 이어지지 못한다.

자기도취의 길은 기껏해야 너절한 여정으로 이어지고, 최악의 경우 파멸에 이른다. 예수님께 내어드리고 순종하는 삶은 어렵다. 자신에 대해 죽고 자기 십자가를 지는 것은 '어려운'(비좁은) 길이지만 "생명으로 이끄는" 길이다. 불행히도, 이 길은 "찾는 사람이 적다." 사람들이 이 길을 찾지 않는 이유가 많다. 이 길은 어려울 뿐 아니라, 이 길에 대해 들어본 그리스도인이 너무도 적다. 달라스 윌라드(1935-2013)는 매우 잘 설계되고 신도가 열심히 따르는 **계획**을 통해 예수님의 제자를 만드는 교회에 다녀 본 적이 없다는 말을 자주 했다.[4] 몰라서 못 하는 경우가 많다.

그러나 이것은 생명에 이르는 길이다.

십자가를 지지 않으면 하나님 나라에 들어가지 못한다. 십자가는 흔들리지 않는 하나님 나라에서 사는 위대한 여정으로

내어드림의
길

이어진다. 이것은 피할 수 없는 전제 조건이다. 또다시 윌라드를 인용하자면, "그리스도인의 영성 형성의 필수불가결한 기초는 자신에 대해 죽는 것이며, 이 기초가 확고하게 유지되지 않는 한 진전할 수 없다."[5] 우리는 흔히 자신에 대해 죽는 게 고통스러울 거라 생각한다. 물론, 그렇다. 그러면 대안이 있는가? 쇠렌 키르케고르(1813-1855)는 자신에 대해 죽지 못하는 것을 '죽음에 이르는 병'이라고 표현했다.[6] 그는 인간이 일종의 절망 속에 살며, 이 절망은 안식을 지으신 분 안에서 안식을 찾을 때까지 계속된다고 믿었다. 성 아우구스티누스의 예리한 통찰과 비슷하다. "하나님, 당신께서 당신을 위해 우리를 지으셨기에, 우리의 마음은 당신 안에서 안식을 찾을 때까지 안식을 얻지 못합니다."[7]

예를 들면, 인생의 운전대를 내가 잡고, 원하는 대로 살며, 내 모든 욕망을 성취하기로 선택할 수 있다. 이런 선택의 결과는 키르케고르가 말한 절망, 곧 죽음에 이르는 병이다. 윌라드는 이것을 '죽어 가는 자아'라고 불렀다. 따라서 가장 지혜롭고 좋은 선택은 "크고 영원한 자아를 위해 작고 죽어 가는 자아를 내어드리는 것"이다.[8] 또는 순교한 선교사 짐 엘리엇(1927-1956)의 말을 인용하면, "잃어서는 안 되는 것을 얻기 위해, 간직할 수 없는 것을 내어주는 자는 바보가 아니다."

그리스도를 닮아 가는 것은 내어드림에 달렸다. 내어드리지 못하는 것은 죽음에 이르는 병이다. 내어드릴 때까지 우리는 절

위대한
여 정

대 쉼을 얻지 못한다. 우리는 작은 것을 큰 것과 맞바꾸고 있다. 그리고 잃어서는 안 되는 것을 얻기 위해 우리가 간직할 수 없는 것을 내어준다면, 그것은 어리석은 게 아니라 지혜로운 행동이다. 이러한 것들에 대한 깊은 숙고는 자신의 십자가를 지고 자신에 대해 죽겠다고 선택하는 데 큰 도움이 된다.

제자가 되지 않음의 대가

●

디트리히 본회퍼(1906-1945)는 《나를 따르라》라는 걸작을 썼다. 이 책에서, 본회퍼는 '값싼 은혜'를 공격한다. 그는 하나님께 무엇이든 구하기만 할 뿐 이에 답해 정작 그분께 아무것도 드리려 하지 **않는** 그리스도인들에게서 이러한 '값싼 은혜'를 너무도 자주 보았다. 제자가 되는 대가가 큰 것은 사실이다. 그러나 제자가 되지 않는 대가가 훨씬 큰 것도 사실이다. 나는 달라스 윌라드의 말을 아주 자주 인용하는데, 그는 우리가 예수님께 내어드리지 **않기로**, 그분의 도제로 살지 않기로 선택할 때 잃는 것을 아름답게 묘사한다.

● 제자가 되지 않음으로써 삶에서 치렀던 대가는 무엇인가?

제자가 되지 않으면 변함없는 평화, 줄곧 사랑이 꿰뚫는 삶, 선을 이루는 하나님의 압도적 통치의 빛에서 모든 것을 보는

내어드림의
길

믿음, 가장 절망적인 환경에서도 흔들리지 않는 소망, 옳은 것을 행하고 악의 세력에 맞서는 능력을 얻지 못한다. 간단히 말해, 제자가 되지 않으면 예수님이 자신이 주러 왔다고 말씀하신 풍성한 생명, 바로 그것을 얻지 못한다(요 10:10). 그리스도의 십자가 멍에는 결국 그분과 함께 그 멍에를 메고 영혼에 쉼을 주는 온유한 마음과 겸손을 배우는 이들에게는 해방이며 능력이다. … 그리스도를 따르는 삶에 대한 올바른 시각은 그것을 그 자체로 필수적인 것으로 볼 뿐만 아니라 가장 드높은 인간의 가능성이 실현되는 것이자 가장 고귀한 삶으로 본다.[9]

내어드리지 않을 때, 보화를 잃는다. 변함없는 평화, 사랑, 믿음, 소망, 능력, 풍성한 삶, 영혼의 쉼을 잃는다. 달라스 윌라드는 '가장 고귀한 삶'으로 끝을 맺는다. 무엇이 이보다 귀하고 바람직하며 소중할 수 있겠는가?

이것은 예수님이 땅에 감춰진 보화에 대한 비유에서 하신 말씀과 비슷하다. "하늘나라는, 밭에 숨겨 놓은 보물과 같다. 어떤 사람이 그것을 발견하면, 제자리에 숨겨 두고, 기뻐하며 집에 돌아가서는, 가진 것을 다 팔아서 그 밭을 산다"(마 13:44). 이런 일이 당신에게 일어난다고 상상해 보라. 값을 매길 수도 없는 보화를 밭에서 발견한다. 그 보화를 얻으려면 그 밭을 사야 하는데, 그러려면 모든 소유를 남김없이 팔아야 한다. 그래서 모든 소유를 팔아 그 밭을 산다. 당신은 이렇게 하면서 후회하겠

위대한
여 정

는가? 당연히 그렇지 않다. 당신은 자신의 모든 소유를 다 팔아 기쁨을 경험한다.

● 간단히 말해, 내어드림의 '예'는 자기 부인의 '아니오'보다 크다. 얻는 게 잃는 것보다 훨씬 크다.

그레이스 아돌프센 브레임이 이것을 잘 표현했다. "이 예스는 의지의 내적 동의다. 이것은 하나님의 은혜와 인도를 받으려는 의지다. 이것은 실제로 삶이 달라지고, 실제로 회개하며, 실제로 돌아서서 완전히 새로운 방향을 향하게 할 만큼 깊고 큰 영향력을 가질 수 있다."[10] 진정한 회개는 마음을 바꾸고, 그런 후에 자신의 길을 바꾸는 것이다. 예수님은 자주 이렇게 외치셨다. "회개하여라. 하늘나라가 가까이 왔다"(마 4:17). 예수님은 천국에 대해 너희 마음을 바꾸라고 말씀하신다. 천국은 여기 있다. 천국은 너희 가운데 있다. 너희는 지금 천국에 들어갈 수 있다. 이 길을 가면 모든 게 달라진다.

간단히 말해, 내어드림의 '예'는 자기 부인의 '아니오'보다 크다. 얻는 게 잃는 것보다 훨씬 크다.

내어드림을 위한 기도

●

존 웨슬리(1703-1791)는 감리교 창시자다. 그는 깊은 경건으

내어드림의
길

로 유명했다. 영국과 미국의 감리교 운동은 교회사에서 큰 운동으로 기록되었다. 그러나 웨슬리는 불완전한 사람이기도 했으며, 목회 초기에는 숱하게 실패를 거듭했다. 나는 믿음의 영웅들이 사람이었다는 사실에 위로를 얻는다. 우리는 실패하지만, 또한 실패를 바로잡는다. 웨슬리에게 최고의 순간 중 하나는 기도문을 쓸 때였다. 이 기도문은 나중에 〈언약 기도Covenant Prayer〉(1775)라 불렸다.

> 저는 이제 제 것이 아니라 주님의 것입니다.
> 저를 주님이 원하시는 곳에 붙들어 매시고,
> 주님이 원하시는 사람들 곁에 두소서.
> 저로 수고하게 하시고, 고난받게 하소서.
> 주님을 위해 쓰임받게도 하시고 밀려나게도 하시며,
> 주님을 위해 높아지게도 하시고 낮아지게도 하소서.
> 저를 채우기도 하시고 비우기도 하소서.
> 모든 것을 갖게도 하시고, 아무것도 갖지 못하게도 하소서.
> 제 모든 것을 주님이 기쁘게 쓰시도록 기꺼이, 진심으로 내어
> 드립니다.
> 오, 영광스럽고 복되신 하나님, 성부, 성자, 성령이여,
> 주님은 저의 것이요, 저는 주님의 것입니다.
> 이렇게 살게 하소서.
> 이 세상에서 제가 맺은 언약이

하늘에서도 이루어지게 하소서.

아멘.

이것은 철저한 내어드림의 기도다. 이 기도는 큰 신뢰를 보여 준다. 이 기도에서 웨슬리는 이렇게 말하고 있다. "**그게 무엇이든**, 주님이 주시는 것이면 기꺼이 받겠습니다." 이러한 기도는 우리를 하나님 나라와 죽이 맞게 한다.

내어드림의 기도 중에서 내게 복이 되었던 두 번째 기도는 로욜라의 이그나티우스(1491-1556)가 드린 기도다. 이그나티우스는 로마가톨릭에서 매우 헌신적이고 경건한 수도회인 예수회의 창시자였다. 이그나티우스는 전투에서 다리에 입은 부상 때문에 어려운 시기를 헤쳐 나가야 했다. 그는 하나님께 완전히 헌신하는 삶을 살고 싶었으나 귀족의 편안한 삶을 내려놓기가 어려웠다. 그는 몬세라트에 피정을 갔다가 거기서 신앙생활을 하기 시작했다. 어느 날, 그는 성모상 앞에서 밤새 기도했다. 자신의 비싼 옷을 거지에게 벗어 주고 자신은 검소한 옷을 입었다.

얼마 후, 그는 11년간에 이르는 저술 활동을 시작했다. 그가 쓴 《영성 훈련 *Spiritual Exercise*》은 기독교 영성을 다룬 아주 위대한 저작이 되었다. 웨슬리처럼, 이그나티우스도 내어드림에 관한 아주 빼어난 기도문을 썼다. 이 기도문은 〈수스키프 기도문 Suscipe Prayer〉이라고 불리는데(suscipe는 라틴어에서 왔으며, '받다'라는 뜻이다), 《영성 훈련》 끝부분에 나온다. 나는 '내어드림'의 밑바닥에 깔린 짧지만 강력한 단순함을 사랑한다.

> 주님, 제 모든 자유를,
> 제 기억을, 제 지식을, 제 모든 의지를 받으소서.
> 제 자신의 전부와 제가 가진 모든 소유를,
> 주님이 주셨습니다.
> 이 모든 것을 주님께 내어드리니,
> 주님의 뜻대로 사용하소서.
> 주님의 사랑과 주님의 은혜만 주소서.
> 주님의 사랑과 은혜만 있으면,
> 저는 더없이 부유해지고 더는 아무것도 바라지 않을 것입니다.
> 아멘.[11]

여기서 이그나티우스는 하나님께 자신의 세 부분을 받으시라고 기도한다. 자신의 기억과 지식과 의지다. 웨슬리처럼 이그나티우스도 자신의 전부가 하나님의 선물임을 인정한다. 자신의 소유는 자신의 것이 아니다. 그는 "이 모든 것을 주님께" 믿고 내어드린다. 이그나티우스는 딱 두 가지만 구한다. 하나님의 사랑과 하나님의 평화다. 자신을 내어드리고 이 두 가지만 받는다면, "더없이 부유해지고 더는 아무것도 바라지 않을 것입니다"라고 말한다.

불완전한 길

●

지금까지 **내어드림의 기쁨**과 **순종이 주는 부유함**을 살펴보았다. 그러나 여기서 반드시 짚고 넘어가야 할 게 있다. 내어드림과 순종이 쉽지 않을뿐더러 완벽하게 이루어지지도 않는다는 것이다. 윌라드, 엘리엇, 웨슬리, 이그나티우스도 틀림없이 의심과 실패와 움츠림의 시간을 겪었다. 마더 테레사(1910-1997)까지도 자신이 몸부림과 의심과 어둠의 시간을 겪었다고 썼다. 어떤 사람들은 이 사실에 절망을 느끼지만, 나는 오히려 힘을 얻는다. 테레사도 사람이고 인간이었다.

그 누구도 삶의 모든 순간마다 강하고 모든 순간에 다 순종하지는 못한다.

이런 까닭에, 나는 여행 은유를 좋아한다. 우리는 여행자다. 우리는 절대적인 완벽에 이르지 못한다. 사실, 우리는 자신을 '산 제물'로 드려야 한다(롬 12:1). 산 제물의 문제는 때로 우리가 다른 어떤 것보다도 제단에서 기어 내려오기만을 바란다는 것이다. 게다가 실제로 제단에서 기어 내려온다.

〈예수님, 나를 붙잡아 주소서 Hold Me, Jesus〉라는 노래에서, 가수이자 작사가인 리치 멀린스(1955-1997)는 이렇게 노래했다.

내어드림은 내게는 자연스러운 것이 아니에요
당신은 내게 필요한 것을 주시지만

내어드림의
길

나는 당신과 싸워

내가 그다지 원하지 않는 것을 가지려 하죠.[12]

그래서 우리는 몸부림치고, 싸우며, 배우고, 다시 애쓴다. 우리는 이 땅에서 현실과 마주한다. 제자가 되지 않을 때 치르는 대가는 절대 사라지지 않을 것이다. 우리가 예수님의 제자로 사는 데는 시간이 걸린다. 그러나 예수님의 제자로 살 때, 위대한 여정이 우리를 기다린다.

● 산 제물의 문제는 때로 우리가 다른 어떤 것보다도 제단에서 기어 내려오기만을 바란다는 것이다.

이어지는 여러 장에서, 내어드림의 길이 우리를 어디로 인도하는지 알게 될 것이다.

내어드림의 길은 우리를 다음과 같은 길로 인도한다.

- 하나님의 은혜와 하나님을 아는 지식에서 자라게 한다.
- 위로부터 오는 삶을 살게 한다.
- 하나님께 귀 기울이게 한다.
- 믿음으로 행하게 한다.
- 소망을 품고 살게 한다.

위대한
여 정

- 사랑을 보여 주게 한다.
- 기쁨을 경험하게 한다.

위대한 여정은 우리를 우리가 살려고 계획했던 생명의 길로, 하나님 나라에 깊이 잠기는 삶으로 인도할 것이다.

다른 책을 모두 밀쳐 두고 성경을 무릎 위에 펼쳐 놓은 채 읽기 시작했다. 가능하
면, 한 줄을 읽을 때마다, 한 단어를 볼 때마다 기도했다. 이것이 내 영혼에 양식과
음료가 되었다. 날마다 신선한 생명과 빛과 능력을 위로부터 받았다.

—조지 휫필드(1714-1770)

한 장이 끝날 때마다, 성경 묵상 훈련으로 당신을 초대하겠다.
훈련은 아주 단순하다. 복음서 한 단락을 천천히 읽으면서 그
장면을 머릿속으로 그려 보라. 주어진 단락을 읽으면서, 상상력
을 발휘해 일어나고 있는 일을 보라. 인물, 장소, 광경, 냄새, 소
리를 상상해 보라. 이야기 속의 구경꾼이 되어 보라. 이 장과 마
지막 장만 제외하고, 초점은 예수님에게 맞춰진다. 사람들이 (그
리고 다음 단락에서 천사가) 하는 말과 행동에 주목하라. 이 훈련을
하면서 깊이 와 닿는 게 있다면 일기장에 꼭 기록하라.

그 뒤로 여섯 달이 되었을 때에, 하나님께서 천사 가브리엘을
갈릴리 지방의 나사렛 동네로 보내시어, 다윗의 가문에 속한
요셉이라는 남자와 약혼한 처녀에게 가게 하셨다. 그 처녀의
이름은 마리아였다. 천사가 안으로 들어가서, 마리아에게 말

위대한
여 정

하였다. "기뻐하여라, 은혜를 입은 자야, 주님께서 그대와 함께하신다." 마리아는 그 말을 듣고 몹시 놀라, 도대체 그 인사말이 무슨 뜻일까 하고 궁금히 여겼다. 천사가 마리아에게 말하였다. "두려워하지 말아라. 마리아야, 그대는 하나님의 은혜를 입었다. 보아라, 그대가 잉태하여 아들을 낳을 터이니, 그의 이름을 예수라고 하여라. 그는 위대하게 되고, 더없이 높으신 분의 아들이라고 불릴 것이다. 주 하나님께서 그에게 그의 조상 다윗의 왕위를 주실 것이다. 그는 영원히 야곱의 집을 다스리고, 그의 나라는 무궁할 것이다." 마리아가 천사에게 말하였다. "나는 남자를 알지 못하는데, 어떻게 이런 일이 있겠습니까?" 천사가 마리아에게 대답하였다. "성령이 그대에게 임하시고, 더없이 높으신 분의 능력이 그대를 감싸 줄 것이다. 그러므로 태어날 아기는 거룩한 분이요, 하나님의 아들이라고 불릴 것이다. 보아라, 그대의 친척 엘리사벳도 늙어서 임신하였다. 임신하지 못하는 여자라 불리던 그가 임신한 지 벌써 여섯 달이 되었다. 하나님께는 불가능한 일이 없다." 마리아가 말하였다. "보십시오, 나는 주님의 여종입니다. 당신의 말씀대로 나에게 이루어지기를 바랍니다." 천사는 마리아에게서 떠나갔다(눅 1:26-38).

내어드리는 훈련

●

각 장 끝에, 훈련을 위한 여러 아이디어를 제시해 두었다. 이것은 할 일 목록이 아니다. 주님께서 지금 당신의 삶에서 당신에게 적합한 훈련으로 인도하시게 하라.

- 웨슬리의 〈언약 기도〉가 당신의 기도가 될 때까지 묵상하라.
- 이그나티우스의 〈수스키프 기도문〉이 당신의 기도가 될 때까지 묵상하라.
- "나에게 이루어지기를 바랍니다"라고 말할 수 있을 때까지 타너의 〈수태고지〉 그림을 묵상하라.

제2장

은혜와 지식에서 자라다

우리의 주님이시며 구주이신 그리스도 예수에 대한
지식과 그의 은혜 안에서 자라십시오.
이제도 영원한 날까지도 영광이 주님께 있기를 빕니다.
—베드로후서 3장 18절

내 딸 호프는 2000년에 태어났다. 호프가 엄마 배 속에 자리한 날부터 태어날 때까지, 그 후에도 매일, 나는 호프를 위해 기도했다. 호프가 예수님을 알고 활기찬 그리스도인으로 살게 해 달라는 기도였다. 호프가 단지 교회에 다니는 사람이 되는 건 원치 않았다. 나는 1980년부터 예수님과 함께하는, 풍성하고 서로 교통하는 삶을 경험했다. 호프의 엄마이자 내 아내인 메건과 나는 그리스도에 초점을 맞추고 산다. 호프는 유아세례를 받았고(우리는 연합 감리교 소속이다) 어린 시절에 주일을 교회에서 보냈다. 유치부에서 주일학교를 거쳐 청소년부에 이르기까지, 호프는 교회 생활에 적극적이었다. 그래도 나는 호프의 믿음이 호프 부모의 믿음이나 호프 목사의 믿음이나 호프 교회의 믿음이 아니라 **호프 자신의** 믿음이 될 날이 오길 기도했다.

그날이 왔다. 호프가 열네 살이던 여름이었다. 호프는 교회

위대한
여 정

캠프에 가서 믿음 좋은 아이들과 가까운 친구가 되었다. 호프는 어려운 시간을 헤쳐 나왔고, 이 친구들에게서 은혜와 이해와 열정과 응원을 발견했다. 이들은 호프의 '캠프 패밀리'가 되었다. 캠프 중에 어느 강사가 예수님을 의지하라며 참가자들을 독려했다. 그러면서 힘든 상황에 처했다면, 예수님께 손을 내밀고 두려움을 그분께 내맡기라고 했다. 이튿날, 캠프 참가자들이 집라인을 타러 갔다. 한 참가자가 공중에 달린 와이어에 매달려 10미터 높이에서 아래쪽으로 미끄러져 내려갔다. 호프는 차례를 기다리다 두려움을 느끼기 시작했다. 그때, 호프는 강사가 했던 말을 떠올렸다. "예수님께 맡기세요."

그래서 호프는 그렇게 했다. 발판에 무릎을 꿇은 채, 용기를 달라고 예수님께 기도했다. 즉시 평안이 자신을 덮는 것을 느꼈다. 발판에서 뛰어내려 아주 즐겁게 미끄러져 내려갔다. 호프는 장비를 풀고 걸어 나오며 자신에게 말했다. '나는 정말로 예수님을 믿는다고.' 호프는 집에 돌아오자마자 엄마와 내게 자기가 경험한 바를 신나게 이야기했다. 우리는 너무나 기뻤다. 나중에, 나는 호프의 이야기를 떠올리기 시작했다. 솔직히 정말 놀랍다는 생각이 들었다. 예수님이 집라인을 이용해 호프의 마음에 새롭게 들어가셨다. 집라인이라니!

그리고 나는 C. S. 루이스(1898-1963)의 회심 이야기를 떠올렸다. 루이스는 형과 함께 동물원에 가기로 했다. 그래서 형이 운전하는 오토바이에 부착된 사이드카에 올랐다. 그는 이렇게 말했다. "출발할 때는 예수님이 하나님의 아들이라고 믿지 않았다. 그러나 동물원에 도착했을 때는 그 사실을 믿고 있었다."[1] 호프와 달리, 루이스는 사이드카 타는 걸 무서워하지 않았다(나라면 무서워할 것 같다!). 루이스는 믿음을 향한 긴 여정을 밟았다. 무신론자였던 그는 믿음의 자리에 이를 수 없었다. 그러나 하나님께 마음을 열게 되었고, 하나님은 적절한 순간을 기다리셨다. 사이드카에 타서 내리는 사이의 어느 순간에 루이스는 어떤 식으로든 기적적으로 신자가 되었다. 분명히 예수님은 이 심오한 순간을 위해 사이드카와 집라인을 거리낌 없이 사용하신다.

● 당신은 신비 체험이 일어난다고 믿는가? 왜 그렇다고 믿는가, 또는 왜 그렇다고 믿지 않는가?

이 경험 후, 호프는 교회 활동에, 주일학교와 소그룹과 찬양에 새로운 방식으로 열심히 참여했다. 호프는 이러한 모임에 단순히 참여하는 게 아니라 열중했다. 호프는 규칙적으로 성경을 읽고, 기독교 음악을 들으며, 기독교 음악 콘서트에 가고, 단기 선교에 참여했다. 예수님을 향한 호프의 헌신은 호프의 삶 전체에 영향을 미쳤다. 호프는 학교에서 주변 친구들에게 가만히 입 다물고 있을 수 없었다. 같은 학교의 한 여자아이가 계속 예수님 얘기를 하는 호프에게 짜증을 내며 경멸하듯이 말했다. "도대체 뭐야? 너, 예수쟁이야?" 호프는 조용히 되받아쳤다. "응,

나 예수쟁이야." 호프는 자신의 믿음을 숨기지 않은 것을 매우 자랑스러워했고, 우리도 호프가 자랑스러웠다.

무슨 일이 일어났는가

●

회의주의자들은 이 이야기를 듣고 이렇게 생각할지 모르겠다. '글쎄요. 그 일은 실제로 일어나지 않았어요. 호프는 다른 사람들이 스스로 경험하고 있다고 말한 것을 흉내 내야 한다는 일종의 사회적 압박이나 그러려는 욕구를 느끼고 있었을 겁니다. 또는 호프의 뇌가 그 애를 속였을 것입니다. 또는 아드레날린이 급증했을 뿐인데 호프가 이것을 종교체험으로 해석했을 것입니다.' 어쩌면 이들이 옳을지 모른다. 그러나 내 경험으로 판단컨대, 위대한 여정은 **정확히** 이렇게 작동한다. 하나님은 너무나 크신 분이라 우리에게 자신을 숨기셔야 한다. 만약 하나님이 그대로 우리에게 나타나시면, 우리는 압도될 것이다. 그러나 하나님은 자신을 우리에게 보이고 알리길 원하신다. 그래서 우리에게 이렇게 말씀하신다. 너희가 나를 찾으면, 찾으리라.

호프는 하나님을 찾고 있었다. 호프는 보이지 않지만 실제로 분명히 존재하는 영적 영역과 소통하는 법을 실제로 배우고 있었다. 간단히 말해, 호프는 신비한 체험을 했다. 어떤 사람들은 '**신비한**mystical'이란 단어를 일종의 마술 용어나 뉴에이지 용어로 본다. '**신비하다**'는 것은 신비의 요소가 있었다는 뜻이고, 호프가 충분히 묘사할 수 없었던 무엇이 있었다는 뜻이며, 말로는 충분히 표현할 수 없는 무엇이 있었다는 뜻이다. 호프는 예수님 께로 돌아서서 그분이 행동하시길 기대했다. 예수님께로 돌아서서 그분이 행동하시길 기대하라. 이것이 그리스도를 따르는 이로 사는 위대한 여정의 본질이다. 우리는 스스로 할 수 없는 무엇인가를 위해 누군가에게로 돌아설 때, 자신의 필요를 인정하며 온다. 어찌할 도리 없이 온다. 힘없이 온다. 하나님을 의지하며 행동하는 법 배우기. 정확히 이것이 하나님이 우리를 위해 계획해 놓으신 것이다.

● 예수님께로 돌아서서 그분이 행동하시길 기대하라. 이것이 그리스도를 따르는 제자로 사는 위대한 여정의 본질이다.

이것은 태초부터 준비되었다. 예수님은 무덤에서 부활하신 순간부터 성령을 통해 우리가 그분을 알고 느끼게 하신다. 예수님은 이렇게 예견하셨다.

내가 너희와 함께 있는 동안에, 나는 이 말을 너희에게 말하였다. 그러나 보혜사, 곧 아버지께서 내 이름으로 보내실 성령께서, 너희에게 모든 것을 가르쳐 주실 것이며, 또 내가 너희에게 말한 모든 것을 생각나게 하실 것이다. 나는 평화를 너희에게 남겨 준다. 나는 내 평화를 너희에게 준다. 내가 너희에게 주는 평화는 세상이 주는 것과 같지 않다. 너희는 마음에 근심하지 말고, 두려워하지도 말아라(요 14:25-27).

사도행전은 초기에 예수님을 따르던 이들이 영적 영역과 소통하는 모습을 그려 낸다. 때로 서투르게, 때로 영웅적으로 소통하지만, 그 영역을 신뢰하는 법을 늘 배우는 모습이다.

이 책을 읽는 당신도 호프와 비슷한 이야기를 할 수 있으리라 생각한다. 1980년 8월에 예수님이 내 삶에 들어오심을 느낀 순간부터 지금껏 내 삶에서 하나님이 행동하고 계심을 경험하고 있다. 제한된 나의 힘이나 머리로 설교하거나 가르치거나 글을 쓰려 애쓴다면, 내 설교를 듣는 사람들이나 내 글을 읽는 사람들은 실망하게 될 것이다. 나는 하나님의 은혜를 의지하며, 하나님의 은혜는 지식으로 이어지고, 지식은 믿음을 가능하게 한다. 이것들은 분명한 정의가 필요한 중요한 용어다. 용어들을 부정확하게 정의하면, 엉뚱한 이야기를 하게 된다.

은혜, 지식, 믿음

●

먼저 많은 그리스도인에게 친숙한 용어지만, 그 단어들의 정의가 **부정확하다**고 믿는 세 용어가 있다. **은혜**는 흔히 '과분한 용서unmerited forgiveness'로 정의된다. **지식**은 정확한 교리를 아는 것에 국한된다. 그리고 **믿음**은 "자신이 실제로 믿지 않는 것을 믿으려는 노력이며, 이것이 하나님을 기쁘게 하리라"고 생각한다. 새내기 그리스도인일 때 나는 이 용어들을 이런 식으로 정의했다. 단언컨대 이러한 정의는 결국 내게 잘못된 이야기를 들려주었고, 잘못된 이야기는 좌절과 두려움에 잠긴 삶으로 이어졌다. 감사하게도, 나는 이 강력한 세 용어에 훨씬 많은 게 있음을 깨달았다.

은혜는 '우리의 삶에서 이루어지는 하나님의 행위'로 가장 잘 정의할 수 있다. 아주 흔히, 우리는 은혜를 '죄 용서'에만 국한한다. 은혜는 용서를 포함하지만(용서는 하나님의 가장 중요한 행위 중 하나다), 이게 전부가 아니다. **은혜**는 '선물'(그리스어로 **카리스** *charis*)이다. 은혜는 노력해서 얻는 게 아니다. 은혜는 받을 자격이 있어 받는 게 아니다. 그리고 은혜는 이치에 맞지 않는다. 죄와 죽음의 세상에 하나님의 구원 행위가 들어온다. 우리는 하나님을 거역하지만, 하나님은 우리를 위해 죽으신다. 하나님의 은혜는 역설적으로 작동한다. 하나님의 은혜는 우리가 연약할 때 강력해진다(고후 12:9). 하나님은 언제나 우리의 유익을 위해, 그것이 과분하더라도, 행동하신다.

내 삶의 모든 영역에 하나님의 은혜가 필요하다. 내가 호흡하는 공기가 은혜의 행위다. 내가 먹는 음식이 은혜의 행위다(그것이 우리가 식사 전에 '은혜'를 말하는, 즉 식사 기도를 하는 이유다). 하나님은 우리를 자극하고, 우리로 죄를 깨닫게 하며, 우리를 위로하고, 우리를 용서하며, 우리를 회복시키고, 우리와 화해하며,

위대한
여 정

우리를 구속하신다. 위대한 이야기에서, 하나님은 많은 능동 동사의 주어다. 하나님이 **사랑하신다**. 하나님이 **치료하신다**. 하나님이 **돌아가신다**. 하나님이 **살아나신다**. 하나님이 **내려가신다**. 하나님이 **올라가신다**. 모두 우리의 유익을 위해서다. 이러한 은혜의 행위 하나하나가 아름답고 선하며 참되다.

　주목하라. 하나님의 행위는 언제나 **관계적**이다. 하나님은 홀로 행동하지 않고 언제나 관계 속에서 행동하신다. 그래서 우리는 이러한 하나님의 행위를 경험으로 알고 느낀다. 은혜는 둘째 키워드, 곧 **지식**으로 이어진다. **지식**은 무엇인가를 적절한 방식으로 표현하는 능력이다. 우리는 무엇인가를 알 때 그것을 말할 수 있다. 나는 테니스를 안다. 직접 테니스를 했고 또 가르쳤다. 백핸드, 포핸드, 서브, 로브를 안다. 이러한 지식은 종이에 옮겨 쓸 수 있는 것이지만, 무엇보다도 나는 이것을 경험으로, 관계로, 몸으로 안다.

　하나님이 우리를 위해 관계적으로 행동하실 때(은혜), 이것은 지식으로 이어진다. 그래서 베드로는 "지식과 … 은혜 안에서 자라십시오"라며 우리를 권면할 수 있다(벧후 3:18). 은혜가 죄 용서에 국한된다면, 우리는 은혜에서 자랄 수 없다(자라야 하는데도 말이다). 하나님이 우리의 삶에서 행동하실 공간을 넓힐수록(존 웨슬리가 은혜의 **방편**이라 불렀던 것, 이를테면, 기도, 금식, 예배) 지식에서 더 자라게 된다. 어떤 것에 대한 지식을 얻으면, 그 지식을 토대로 행동을 시작할 수 있다. 이것이 믿음이다.

은혜와
지식에서
자라다

믿음이란 지식에 기초한 지식의 확장이다. 나는 뭔가를, 예를 들면, 하나님은 선하고 의지할 수 있는 분이란 걸 알기 때문에 이 지식에 근거해 행동할 수 있다. 아브라함이 믿음의 조상이라 불리는 가장 뚜렷한 이유는 이삭을 제물로 드리려 했기 때문이다. 미친 짓으로 보인다. 그러나 이야기의 핵심은 아브라함이 하나님을 경험했고(은혜), 하나님을 알게 되었으며(지식), 그래서 하나님이 아브라함에게 놀라운 일을 하라고 하셨을 때 믿음으로 그 일을 했다는 것이다. 물론, 우리는 하나님이 개입해 양을 제물로 주셨고, 자신이 다른 신들과 다름을 아브라함에게 재차 가르치셨다는 것을 안다.

● 은혜는 우리의 삶에서 이루어지는 하나님의 행위다.

특히 그룹으로 수행하는 **렉티오 디비나**_lectio divina_(거룩한 독서) 는 은혜와 지식과 믿음의 훌륭한 본보기다. 성경 한 단락이 낭독될 때, 하나님이 자신들에게 말씀을 주시길 기대하는 한 그룹의 사람들은 귀를 기울이며 눈에 띄는 단어나 어구를 적는다. 다음에는 말씀을 이해하도록 도와달라고 하나님께 구하면서 묵상하고 기도한다. 그런 후, 하나님이 자신들에게 하시는 말씀을 기록한다. 내 경험으로 볼 때, 거의 모든 사람이 한 단어나 어구를 적으며, 하나님이 무슨 말씀을 하시는지에 대해 대체로 결론에 이를 수 있다. 가장 놀라운 점은 두 사람이 같은 단어나 어구를 적었어도 각자에게 그 의미가 다를 때가 있다. 놀랍지 않은가! 성령께서 우리를 친밀하게 아신다! 그 말씀이 적절하다면, 마침내 참가자들은 자신들이 받은 말씀을 토대로 행동하라는 요구를 받는다.

성령께서 한 단어나 어구를 밝혀 주시는 것은 **은혜**의 행위다. 이것은 우리가 알아야 하는 것에 대한 더 깊은 **지식**으로 이어진다. 마지막으로, 성령께서 그 사람을 이끌어 그 말씀이나 도전을 토대로 행동하게 하시는데, 이것이 **믿음**의 행위다. (기도, 고독, 예배를 비롯해) **렉티오 디비나** 같은 훈련에 참여할수록 하나님의 은혜를 더 경험하고, 더 많은 지식을 얻으며, 더욱 믿음으로 행동할 수 있다. 우리는 이 중요한 진리를 배운다. 우리는 혼자가 아니다.

영생이란 무엇인가
●

나의 여정에서 몇몇 성경 구절이 그리스도인의 삶에 대한 나의 이해를 바꿔 놓았다. 요한복음 17장 3절이 그중 하나다. "영생은 오직 한 분이신 참 하나님을 알고, 또 아버지께서 보내신 예수 그리스도를 아는 것입니다."

그리스도인으로 살면서 나는 늘 영생이란 죽은 후에야 일어나는 것이라고 믿었다. 그런데 이 구절과 마주쳤다. 이 구절은 분명하게 말한다. "영생은…." 그러나 이 구절은 전혀 내세를

은혜와
지식에서
자라다

말하지 않으며, 영생을 경험하려면 죽어야 한다고도 말하지 않는다. 단순하고 분명하다. 영생은 하나님과 예수 그리스도를 아는 것이다. 바꾸어 말하면, 영생은 삼위일체의 두 구성원, 곧 아버지와 아들을 아는 것이다. 성경은 또한 우리가 오직 성령을 통해서만 아버지와 아들을 알 수 있다고 말한다. 그러므로 영생은 삼위일체를 아는 것이다.

● 하나님의 행동은 늘 관계적이다.

성경에서 지식은 이른바 **머리로 아는 지식**head knowledge이 아닐 경우가 거의 대부분이다. 지식은 어떤 것이나 누군가에 관한 사실을 아는 것을 가리키지 않는다. 지식은 언제나 소통하는 관계interactive relationship를 가리킨다. 아모스 3장 2절에서, 하나님은 이스라엘에게 "내가 땅의 모든 족속 가운데 너희만을 **알았나니**"라고 말씀하신다(개역개정, 강조 추가). 분명히 하나님은 다른 민족들도 **아셨다**. 그러나 이스라엘은 아브라함과 그의 후손들 때부터, 하나님이 소통하신 유일한 민족이었다. 언약이란 바로 이것이다. 하나님은 이스라엘과 소통하는 관계를 원하셨다. 하나님은 이스라엘에게 이렇게 말씀하고 계셨다. "나는 오직 너희하고만 언약을 맺었다."

마리아도 다르지 않다. 마리아는 가브리엘에게 아들을 낳으리라는 말을 들었을 때, 이렇게 답했다. "나는 남자를 알지 못하는데, 어떻게 이런 일이 있겠습니까?"(눅 1:34). 물론, 마리아는 남자들을 알았다. 마리아는 남자들에 대한 지식이 있었다. 그러나 마리아는 그 어떤 남자와도 소통하는 관계(이 경우, 성관계)를 갖지 않았다. 그래서 예수님이 요한복음 17장 3절에서 영생은 하나님과 자신을 **아는 것**이라고 하셨을 때, 소통하는 관계를 말씀하고 계시는 것이다. 우리의 생명이 하나님의 생명에 사로잡힐 때, 영생이 된다. 이때 우리의 생명은 하나님의 생명의 일부이기 때문이다.

하나님은 알고 또 알려지길 바라신다. 그래서 호프가 도움을 구했을 때, 예수님은 성령을 통해 호프의 마음에 평화를 채우길 기뻐하셨다. 호프는 이것을 개념으로가 아니라 경험으로, 설명으로가 아니라 경험으로 **알았다**. 호프는 영생을 경험했다.

그러나 은혜를 우리의 삶에서 이루어지는 하나님의 행위로 이해할 때 무슨 일이 일어나는가? 그러면 우리는 매일, 매 순간 하나님이 행동하시길 기대하며 살게 된다. 정원 가꾸기부터 자녀 양육과 휴가까지, 우리 삶의 모든 면에서 하나님이 우리와 소통하시는 기회가 될 가능성을 열어 두게 된다. 사실, 우리는 이것을 기대하는 법을 배울 수 있다. 우리는 자신이 혼자가 아님을 보기 시작한다. 하나님이 우리와 함께하시고, 우리와 함께 행동하시며, 우리와 동행하신다. 이것은 자연스럽게 감사로 이어진다. 그래서 우리는 매일 우리의 삶에서 하나님의 은혜와 하나님의 선물과 우리의 노력 없이 경험하는 하나님의 소통에 감

은혜와
지식에서
자라다

사하게 된다.

> ● 죽은 후에야 영생이 이루어진다고 믿었는가? 이제 영생
> 을 당신이 지금 경험할 수 있는 삶으로 보는가?

그러고 나면 우리는 하나님을 **알게** 될 것이다. 이 위대한 여
정에 오를 때, **우리 주, 곧 구주 예수 그리스도의 은혜와 그분을
아는 지식에서 자란다.** 이것은 세상이 지금껏 받은 최고의 초대
다. 우리는 **하나님과 함께하는** 삶을 배우는데, 이것은 다름이 아
니라 하나님 나라에서 사는 것이다. 예수님은 하나님 나라를 가
져오신 게 아니다. 하나님 나라는 영원부터 영원까지 현존한다.
그러나 예수님은 하나님 나라를 가두고 있던 문화적, 인종적,
성적 껍질을 깨셨다. 예수님의 복음, 그분이 선포하신 좋은 소
식은 단순했다. 인종이나 성이나 죄악된 과거와 상관없이 지금
이렇게 살 수 있다는 것이다. 사람들은 지금까지 예수님의 이러
한 제안을 받아들여 왔다. 사람들이 예수님의 은혜와 그분을 아
는 지식에서 자라기 시작할 때마다 세상은 더 밝아진다.

사울, 아우구스티누스, 사이언스 마이크

●

1세기, 사울은 예수의 추종자들, 곧 나사렛당이라는 분파를
박해했다. 그는 박해 원정을 떠났는데, 도중에 예수님이 그를

위대한
여 정

나귀에서 떨어뜨리셨다. 예수님은 사울에게 자신의 백성을 더는 핍박하지 말라고 말씀하셨다. 또한 사울이 이방인들에게 자신의 메신저가 되리라고도 말씀하셨다. 그것은 사울이 상상도 못 한 일이었다. 눈이 먼 채 아나니아에게 인도된 사울의 눈을 아나니아가 고쳐 주었다. 이제 사울은 바울이 되었고 이후 몇 년 동안 예수님을 알게 된다. 예수님을 아는 것, 곧 영생이 바울이 원하는 전부였다. 그는 이렇게 말했다. "나는 여러분 가운데서 예수 그리스도 곧 십자가에 달리신 그분밖에는, 아무것도 **알지** 않기로 작정하였습니다"(고전 2:2, 강조 추가).

4세기, 아우렐리우스 아우구스티누스(354-430)는 내면의 악마들, 주로 정욕과 씨름하다 탈출구를 찾기 시작했다. 철학자요, 선생 또는 웅변가요, 학자였던 그에게 기독교는 유치해 보였다. 그러나 그는 벼랑 끝에 서 있었다. 어느 날, 밀라노에서 그는 친구 알피우스와 함께 지내며 울고 있었다. 갑자기 아이들이 라틴어로 노래하는 소리가 들렸다. **톨레 레게**_Tolle lege_. "집어 들고 읽어라." 밖으로 나갔으나 아이들은 보이지 않았다. 벤치에 바울서신이 놓여 있었다. 집어 들고 읽으라는 소리대로, 책을 폈다. 로마서 13장이었다. 다음 구절이 눈에 들어왔다. "낮에 행동하듯이, 단정하게 행합시다. 호사한 연회와 술 취함, 음행과 방탕, 싸움과 시기에 빠지지 맙시다"(13-14절). 그는 이렇게 썼다. "나는 더 이상 읽지 않을 것이다. 그럴 필요도 없었다. 이 구절을 읽자마자, 밝은 빛이 내 마음에 들어와 모든 의심의 어둠을 몰아냈다."[21] 우리는 그를 성 아우구스티누스라고 부른다. 그는 예수 그리스도의 은혜와 그분을 아는 지식에서 자라길 원했다.

21세기, 마이크 맥하그Mike McHargue도 어떤 목소리를 들었다. 그는 독실한 남침례교인으로 자랐으나 믿음에 위기가 닥쳤다. 과학자였던 마이크는 성경의 많은 부분을 믿기 어려웠다. 무신론자들의 책을 많이 읽었고, 결국 그 자신도 무신론자가 되었다. 그러면서도 다니는 교회의 주일학교에서 계속 가르쳤다. 그러나 그의 영혼은 안식할 수가 없었다. 그는 여전히 해답을 찾고 있었다. 자신의 탁월한 책《파도 속에서 하나님 찾기Finding God in the Waves》에서, 마이크는 초청받은 사람만을 위한 세미나에 참석했던 이야기를 들려준다. 마이크는 그 그룹에 자신의 의심을 털어놓았고, 이들은 그를 배척하지 않았다. 마이크의 솔직하고 탐구적인 질문에 오히려 감사했다.

세미나 마지막 순서는 성찬식이었다. 처음에 마이크는 그냥 떠나고 싶었다. 믿지도 않으면서 성찬에 참여하는 게 불편했기 때문이다. 마이크는 그때 일을 이렇게 들려준다.

문제가 있었다. 성찬의 빵에 담긴 의미를 받아들이지 않은 채 그 빵을 받을 수는 없었다. 그건 정직하지 못한 행위였다. 나는 그리스도의 몸이 나를 위해 찢겼다고 믿지 않았다. 찢을 몸이 있다고 믿지 않았기 때문이다.

위대한
여 정

그래서 떠나기로 결심했다. 그러나 돌아서서 나가려던 그때 목소리가 들렸다. "나는 네가 여덟 살 때 여기 있었고, 지금도 여기 있다."

깜짝 놀라 그 자리에 얼어붙었다. 나를 괴롭히던 친구들을 피해 예수님께 얘기했던 게 생각났다.

직접 만나지는 못했지만 그 누구보다 얘기를 많이 나눴던 가장 좋은 친구인 유대인 랍비가 생각났다. 그래서 손을 뻗어 롭의 손에서 빵을 받았다. 그러자 롭이 이렇게 말했다. "이것은 당신을 위해 흘린 그리스도의 피입니다." 나는 빵을 포도주에 적셔 먹었다. 빵과 그 의미를 받아들인 나는 방에서 도망치듯 뛰쳐나왔다. 얼굴은 눈물로 얼룩졌다. 멀쩡한 정신 상태로, 어떻게 그 누구도 아무 말 하지 않은 공간에서 음성을 들을 수 있을까? 이 부분에서, 나는 과학적으로 설명해야 한다. 정말이다. 나는 지금껏 오랜 세월 이것을 설명하려 애썼고, 지금도 설명하고 싶다. 그러나 도무지 설명이 안 된다.[31]

이것이 그날 밤 일어난 일의 전부더라도, 충분했을 것이다. 그러나 그날 밤의 이야기는 여기서 끝나지 않았다.

마이크는 세미나실을 나와 해변을 걸으며 달을 바라보았다. 그러다 어느새 자신이 기도하고 있음을 발견했다. 몇 년 만인지 몰랐다. 그의 기도는 대부분 하나님께 하는 질문이었지만, 이렇게 끝났다. "제가 아는 전부는 오늘 밤 예수님을 만났다는 것입니다." 그때 무슨 일이 일어났다. 그는 이렇게 썼다.

> **예수님**이란 단어를 말했을 때, 물결이 나를 향해 밀려왔다. 나는 해변 높은 곳에, 물결보다 7-8미터 높은 곳에 서 있었다. 그런데 물결이 밀려와 내 발을 덮고 정강이까지 올라왔다. 롭이 했던 말이 생각났다. 그는 그리스도께서 십자가에서 죽기 전에 마지막으로 하셨던 섬김의 행동이 제자들의 발을 씻겨 주는 일이었다고 했다.
>
> 나는 이렇게 물었다. "하나님, 당신이십니까? 이게 실제로 일어나고 있는 일입니까?"
>
> 결혼식 날 신부의 얼굴에서 베일이 벗겨지듯, 온 세상이 걷혔다.[4]

많은 사람에게 '사이언스 마이크'로 알려졌던 마이크가 예수님과 소통하는 경험을 했다. 극적인 순간이었다. 그는 영생을 체험했다.

무엇이 중요한가

●

호프, C. S. 루이스, 아우구스티누스, 사이언스 마이크의 이야기는 중요하다. 아마도 그 어느 때보다 지금 더 중요할 것이다. 우리는 신앙의 이성적인 부분을 크게 강조했던 시대(근대)를 벗어나고 있다. 베이비부머들은 기독교를 믿어야 하는 일련의 교리 체계로 만들고, 하나님과 함께하는 삶의 경험적 측면을, 더나아가 신비적 측면을 거의 강조하지 않은 마지막 세대다. 성경의 권위(심지어 무오)에 대한 논증이, 분명히 복음주의 그리스도인들에게 가장 중요한 것이 되었다. 이것들을 비롯한 흑백논리들이 누가 참 신자이고 참 신자가 아닌지를 결정했다. 그러나우리는 성경을 하나님의 성령에 감동된 권위 있는 말씀으로 보는 한편, 과학책으로 보지는 않는 새 시대를 살고 있다. 성경은삶을 변화시키는 능력을 가진 예술 작품이다.

● 당신에게 기독교는 주로 관계적인가, 아니면 이성적인가,
  아니면 둘 다인가?

사이언스 마이크의 이야기는 심오하다. 신성한 교리들이 무너지기 시작했을 때, 그의 믿음에 위기가 닥쳤다. 그가 예수님을 믿으면서 동시에 진화론을 믿을 수 있을까? 그는 그럴 수 없다고 생각했다. 그럴 수 없다고 들었다. 그는 믿음이란 이성적인 것이지, 경험적인 게 아니라고 생각했다. 그러나 성찬식 중에, 나중에 해변에 서 있을 때, 무슨 일이 일어났다. 신비한 경험이었다. **신비하다**는 것은 신비롭긴 하지만 매우 실제적인 만남이었다는 뜻이다. 그는 더 이상 논쟁할 수 없었다. 예수님은실재했다. 그것은 참된 지식이었다. 이성적이고 경험적이었다.

그는 이제 예수님이 실재함을 논쟁이 아니라 경험으로 **알았다**.

아무도 경험과 논쟁하지 않는다. 나는 자주 말한다. 누가 교회에서 **간증**할 때, 흔히 설교보다 깊이가 있고 감동적이다. 왜 그런가? 아무도 이렇게 말하지 않기 때문이다. "글쎄요. 그에게 그런 일은 일어나지 않았어요. 하나님이 그에게 말씀하지 [또는 그를 고치지, 또는 깨어나게 하지] 않으셨다니까요." 설교는 일련의 추측이다. 따라서 설교가 아무리 통찰력이 깊더라도, 나는 늘 간증을 선택하겠다. 여기서 정말 중요한 사실이 있다. 감히 말하건대, 세상은 그리스도를 따르는 이들이 생생하고 진정한 경험을, 신비한 경험을 증언할 수 있는지 보려고 기다리고 있다. 호프나 루이스나 아우구스티누스나 마이크처럼, 이들은 일종의 지식을, 경험적이고 관계적인 지식을 가졌으며, 이것이 **영생**이다. 이것은 우리 모두가 구하는 지식이며, 우리의 포스터모던 세계가 신뢰할 수 있는 유일한 지식이다.

이것은 우리의 믿음이 이성적이지 않다는 뜻이 아니다. 우리가 진리를 통해 하나님을 알 수 없고 하나님과 연결될 수 없다는 뜻도 아니다. 예를 들면, 사도신경을 고백하는 것은 내게 중요한 행위다. 이것은 나를 진리와 연결한다. 사도신경에 "[예수님은] 동정녀 마리아에게 나시고"라는 구절이 있다. 나는 이것이 사실이라고 믿지만, 또한 이 일이 실제로 일어나는 세상에서 삶이라는 영적 현실과도 연결되고 싶다.

위대한
여 정

영혼의 훈련: 내 아버지의 집에

나는 유대인이지만, 그 빛나는 나사렛 사람에게 매료되었다. 누구라도 복음서를 읽으면 예수님이 실존 인물이었다는 느낌을 받게 된다. 한마디 한마디마다 그분의 성품이 물결친다. 이렇게 생명으로 가득한 신화는 없다.

—알베르트 아인슈타인(1879-1955)

훈련은 아주 단순하다. 복음서 한 단락을 천천히 읽으면서 그 장면을 머릿속으로 그려 보라. 주어진 단락을 읽으면서, 상상력을 발휘해 일어나고 있는 일을 보라. 인물, 장소, 광경, 냄새, 소리를 상상해 보라. 이야기 속 구경꾼이 되어 보라. 모든 초점을 예수님에게 맞춰라. 그분이 하시는 말씀과 행동에 주목하라. 모든 말씀과 행동에서 그분의 성품이 물결치게 하라. 이 훈련을 하면서 깊이 와 닿는 게 있다면 일기장에 꼭 기록하라.

꼭 이렇게 해야 한다고 강요하거나 당신이 어떤 경험을 해야 하는지 말하려는 게 아니다. 사람마다 이 단락을 다르게 경험할 것이다. 당신이 꼭 봐야 하는 것을 볼 수 있도록 성령께 도움을 구하라.

은혜와
지식에서
자라다

그리스도 묵상하기

●

예수의 부모는 해마다 유월절에 예루살렘으로 갔다. 예수가 열두 살이 되는 해에도, 그들은 절기 관습을 따라 유월절을 지키러 예루살렘에 올라갔다. 그런데 그들이 절기를 마치고 돌아올 때에, 소년 예수는 예루살렘에 그대로 머물러 있었다. 그의 부모는 이것을 모르고, 일행 가운데 있으려니 생각하고, 하룻길을 갔다. 그 뒤에 비로소 그들의 친척들과 친지들 가운데서 그를 찾았으나, 찾지 못하여, 예루살렘으로 되돌아가서 찾아다녔다. 사흘 뒤에야 그들은 성전에서 예수를 찾아냈는데, 그는 선생들 가운데 앉아서, 그들의 말을 듣기도 하고, 그들에게 묻기도 하고 있었다. 그의 말을 듣고 있던 사람들은 모두 그의 슬기와 대답에 경탄하였다. 그 부모는 예수를 보고 놀라서, 어머니가 예수에게 말하였다. "애야, 이게 무슨 일이냐? 네 아버지와 내가 너를 찾느라고 얼마나 애를 태웠는지 모른다." 예수가 부모에게 말하였다. "어찌하여 나를 찾으셨습니까? 내가 내 아버지의 집에 있어야 할 줄을 알지 못하셨습니까?" 그러나 부모는 예수가 자기들에게 한 그 말이 무슨 뜻인지를 깨닫지 못하였다. 예수는 지혜와 키가 자라고, 하나님과 사람에게 더욱 사랑을 받았다(눅 2:41-51).

위대한
여 정

은혜에서 자라는 훈련

●

이 훈련은 신비한 만남을 일으킬 수 있고, 대개는 그런 만남을 일으킨다. 하나님이 당신에게 이러한 경험을 허락하시도록 당신이 하나님께 열려 있다면, 뭔가 새로운 것을 느꼈거나 들었거나 생각했을 것이다. 당신은 약간의 지식을 얻었을 것이고, 이러한 소통에는 하나님의 **은혜**가 개입된다.

호프의 기도. 이번 주에 해야 하는 또 다른 훈련은 호프의 기도를 드리는 것이다. 호프가 무엇을 했는지 기억하는가? 호프는 메시지를 들었다. 두려움을 느끼면, 예수님이 당신과 함께, 당신 안에서 일하시게 하라는 것이다. 곁에 계셔 달라고 예수님께 구하라. 이번 주에 그 무엇이든 두려움이나 불안을 일으키는 것을 만나면, 당신과 함께 계시고 당신을 붙들어 주시며 당신을 평안으로 채워 주시라고 예수님께 기도하라.

주변을 살펴라. 이번 주에 하나님이 우리 주변에 두시는 선과 아름다움과 진리가 있는지 찾아보라. 이번 주 나중에 되돌아볼 수 있도록 당신이 본 것을 기록하라.

제3장

위로부터의 삶

신약성경의 언어에서 "위로부터" 태어난다는 말은 모든 인간이 그 속에서 기동하는 신적 실체의 역동적이고 보이지 않는 체계와 소통한다는 뜻이다.

—**달라스 윌라드**(1935-2013)

얼마 전, 목회자 부부를 위한 하루 수련회에서 강연을 했다. 참가자들에게 나의 책 《선하고 아름다운 하나님》(생명의말씀사)을 미리 읽어 오라고 했다. 수련회 개최자에게서 참가자 정보를 어느 정도 들었기에 참가자 부부 한 쌍이 이 책의 2장을 넘어가지 못하리라는 것도 알았다. 이 책 2장에서, 나는 우리 딸 매들린의 죽음과 우리 부부가 느낀 아픔과 슬픔을 얘기했다. 수련회 개최자는 그 부부가 1년 전 희소병으로 아들을 잃었다고 했다. 그 아들은 겨우 열다섯 살이었다. 개최자는 그저 이렇게 말했다. "그럴 일은 없을 테지만, 만약을 대비해 미리 알려 드리고 싶었습니다." 이런 상황을 미리 알려 준 그에게 감사했다.

수련회가 반쯤 진행되고 휴식 시간에 한 남자가 내게 다가와 물었다. "수련회가 끝나고 저희 부부를 잠시 만나 주실 수 있겠습니까?" 기꺼이 그러겠다고 했다. 이들이 내 책을 읽다가 중단

위대한
여 정

한 그 부부라는 걸 직감했다. 수련회가 끝난 후, 부부와 나는 조용한 곳을 찾아 대화를 나누었다. 남편이 말했다. "이렇게까지 말씀드려도 될지 모르겠지만, 말씀드려야겠습니다. 사실, 목사님 책이 별로였습니다." 우리 모두 웃었다. "좋은 책이 아니라서가 아니고, 저희 마음에 너무 와 닿았기 때문입니다. 목사님이 느낀 분노와 아픔과 슬픔이 저희가 느낀 분노와 아픔과 슬픔이었습니다. 목사님이 하신 말씀은 저희가 했던 말과 거의 같았어요."

뒤이어 그는 아들의 죽음을 이야기했다. 어머니는 이렇게 말했다. "목사님이 따님 방을 꾸미다 말고 따님 장례식을 준비하셨다고 했죠? 저희도 똑같았습니다. 저희는 아들의 생일 파티를 준비하다 말고 아들의 장례식을 준비했습니다. 아들은 열여섯 살이 될 터였습니다." 그녀가 울기 시작했다. "저희를 도와주시겠습니까?" 아버지가 물었다.

나는 이렇게 말했다. "저희가 이 클럽의 회원이라는 게, 아이를 묻은 부모라는 게 마음이 아픕니다. 부모가 아이를 묻는 것은 자연스럽지 않습니다. 그러나 이런 일이 일어납니다. 그리고 우리는 이 클럽의 회원이죠. 제가 줄 수 있는 유일한 위로는 이것입니다. 그리스도인으로서 우리는 분명 슬퍼합니다. 하지만 바울이 썼듯이, 다르게 슬퍼하지요. 그건 우리에게 소망이 있기 때문입니다(살전 4:13). 하나님은 모든 일이 협력해서 선을 이루게 하실 수 있고, 또 이루게 하신다는 확신이 우리에게 있습니다(롬 8:28). 모든 것이 선하다는 말이 아니라 하나님이 모든 것을 통해 선을 이루실 수 있다는 말입니다. 듣기 좋으라고 하는 말이 아닙니다. 사실, 두 가지 확신, 곧 다시 만나리라는 소망과 하나님이 선을 이루실 수 있다는 믿음 덕분에, 저희 가정은 이겨 낼 수 있었습니다."

나는 계속해서 우리가 사는 세상에 대해 얘기했다. 이 세상은 **세속적이지** 않고 거룩하고, 하나님은 멀리 계시지 않고 아주 가까이 계시며, 이 세상은 실제로 하나님에 잠긴 세상이라고 했다. 그런 뒤, 우리 부부가 매들린의 죽음을 통해 보았던 부수적 아름다움을 이야기했다. 우리는 우리가 속한 공동체가 베푼 깊은 친절을 보았고, 이들이 쏟아 내는 사랑과 응원을 경험했다. 우리는 우리 본성보다 더 나은 천사들이 나타나는 것을 느꼈다. 그러고는 깊은 의미가 담긴 삶의 비극을 이야기했다. 물론, 나는 이 가운데 어느 하나도 내가 바라던 게 아니었다고 했다. 이것은 믿음과 소망을 품고 우리보다 우리에게 더 가까이 계시는 하나님과 함께 살았던 결과였다.

> ● 하나님은 멀리 계시지 않고 아주 가까이 계시며, 이 세상은 실제로 하나님에 잠긴 세상이다.

그 부부는 아들의 죽음으로 경험한 놀라운 점들을 이야기했다. 나중에, 나는 《경이로움의 자리Room of Marvels》에 관해 이야기했다. 내가 천국 여행에 대해 꾸었던 백일몽 이야기를 어떻게 쓰게 되었고, 어떻게 이 책이 많은 사람에게 복이 되었는지 이야기했다. 나는 이 책을 읽은 후 60권을 사서 가족과 친구들에게 나눠 주고 한 달 후 세상을 떠난 어느 여성의 이야기를 들려주었다. 그녀는 주변 사람들이 알지 못하는 사실을, 자신이 죽어 간다는 사실을 알았기에 자신이 사랑하는 사람들이 소망을 품고 슬픔을 표현하길 바랐다. 그녀의 아들이 내게 어머니 이야기를 들려주면서 어머니 장례식에 나를 초대했다. 그녀가 죽어가면서도 주변 사람들의 슬픔에 그렇게 관심을 가졌다는 사실이 놀랍기만 하다.

나는 그 부부에게 이 책을 한 권 보내 줄 테니 이 책을 읽을 적절한 때가 오길 기도하라고 말했다. 우리가 준비될 때 하나님은 우리에게 적절한 책을 가져다주신다고 믿는다. 우리는 함께 기도했고, 포옹했으며, 부부는 시간을 내줘서 고맙다고 했다. 나는 이렇게 답했다. "아닙니다. 두 분의 거룩한 이야기를 들려주셔서 고맙습니다. 두 분을 위해 기도하겠습니다." 나는 실제로 두 사람을 위해 기도했다. 차를 몰고 집으로 돌아오는 두 시간 동안, 두 사람을 위해 기도하고 또 기도했다. 왜? 하나님이 우리의 기도를 들으시는 세상에, 말로 표현할 수도 없는 기도까지 들으시는 세상에 우리가 살기 때문이다. 나는 **위로부터**from above의 삶을 사는 법을 배웠고, 이러한 삶이 모든 것을 바꿔 놓았음을 알았기 때문이다.

위로부터의
삶

위로부터의 삶

●

요한복음 3장 3절은 유명하고, 특히 1970년대 예수 운동 때, 자주 인용된 성경 구절이다. "내가 진정으로 진정으로 너에게 말한다. 누구든지 다시 나지 않으면, 하나님 나라를 볼 수 없다." NRSV는 '거듭'으로 번역된 부분을 '위로부터from above'라고 옮겼다. **거듭남**은 '구원받은' 사람에게 일어나는 일을 묘사하는 일반적 방법이 되었다. 실제 사용된 단어는 '위로부터'라고 가장 알맞게 번역되었다(대부분의 현대 번역이 이렇게 옮겼다). 번역 차이가 미묘하고 그리 큰 차이를 낳지 않는 것처럼 보일지 모른다. 그러나 그렇지 않다. 새내기 그리스도인으로서, 나는 내가 거듭났다는 사실을 기쁘게 받아들였다. 심지어 "나는 거듭났습니다. 당신은?"이라고 찍힌 티셔츠까지 있었다. 이것은 그렇게 지혜로운 전도 방법은 아니었다. 중요한 것은 따로 있었다. 나는 내가 **한 번** 거듭났음을 믿으라고 배웠다. 거듭났다면, 구원받은 것이다. 그걸로 끝이었다.

그러나 예수님이 '위로부터 남born from above'을 말씀하실 때 새로운 삶의 방식을, 또는 더 구체적으로 다른 영역으로부터의 삶을 말씀하셨다는 얘기를 듣지 못했다. 예수님은 **위**above라는 단어를 매우 자주 사용하셨다. 능력이 내려오는 하늘나라의 장소들을 가리킬 때 이 단어를 사용하셨다. 또한 예수님이 그곳에서 세상에 내려오셨다. "예수께서 그들에게 말씀하셨다. 너희는 아래에서 왔고, 나는 **위**에서 왔다. 너희는 이 세상에 속하여 있지만, 나는 이 세상에 속하여 있지 않다"(요 8:23, 강조 추가).

삼위일체의 구성원으로, 예수님은 자신이 간단하게 '위'라고 부르는 하늘 영역으로부터 우리에게 오셨다. 바울도 마음과 생각을 위의 것들에 두는 것이 그리스도를 따르는 이들에게 필수라고 말했다. "그러므로 여러분이 그리스도와 함께 살려 주심을 받았으면, 위에 있는 것들을 추구하십시오. 거기에는, 그리스도께서 하나님의 오른쪽에 앉아 계십니다. 여러분은 땅에 있는 것들을 생각하지 말고, 위에 있는 것들을 생각하십시오"(골 3:1-2).

위와 아래를 나누는 이러한 이분법을 마치 바울이 일종의 내세 종교나 이 세상에서 벗어나는 것이나 일종의 모호한 영성을 독려하는 것처럼 오해하기 쉽다.

◆ '거듭남'에서 '위로부터 남'으로 옮겨 가는 패러다임 전환이 당신에게 도전이 되는가? 이것이 하나님과 함께하는 당신의 삶에서 어떤 변화를 일으키겠는가?

예수님과 바울 둘 다 인간의 삶에 공존하는 두 차원을 말하고 있다. **아래** 것들, 또는 땅의 것들은 바울이 '암흑의 권세'라고 말하는 이 세상 나라들을 가리킨다(골 1:13). 이 세상 나라들의 가치관과 권력 구조는 힘과 폭력, 권력과 정욕, 탐욕과 악한

위로부터의
삶

욕망 위에 세워진다. 위의 것들, 또는 천국의 것들은[1] 믿는 자들이 이미 옮겨 와 있는 하나님 아들의 나라를 가리킨다(엡 2:4-6). 위의 것들을 구하고 위의 것들에 생각을 고정한다는 것은 "세상 모든 충성을 능가하는 충성을 그리스도께 바친다"는 뜻이다.[2]

천국은 무한 공급소다

●

예수님과 바울이 영적 영역의 본성을 최초로 이해한 것은 아니다. 내가 성경에서 아주 좋아하는 이야기가 출애굽기 16장에 나온다. 이스라엘이 애굽의 종살이에서 벗어난 후 광야를 헤매고 있었다. 이들은 양식이 부족하자 모세에게 투덜대기 시작했다. 하나님은 모세에게 이들이 먹을 것을 만나 형태로 아침마다 주겠다고 약속하신다. 그러나 그날 먹을 만큼만 모으라고 명하신다. 필요 이상으로 모으면, 상하고 벌레가 꼬일 거라고 하신다. 여섯째 날, 안식일 전날은 이틀 치를 모아야 하지만, 이번만큼은 상하지 않는다. 하나님은 이스라엘에게 공급과 신뢰를 가르치신다. 나는 이 이야기의 마지막 부분을 아주 좋아한다. 어느 날 저녁, 이스라엘이 보니 메추라기가 땅을 뒤덮었다(출 16:13). 하나님은 이스라엘이 깨닫기를 원하셨다. 하나님이 원하면, 잔치를 베풀어 주실 수 있음을.

예수님도 이것을 보여 주셨던 게 분명하다. 예수님의 첫 이적은 물이 변하여 포도주가 되게 하는 것이었다(틀림없이 품질이 좋았을 것이다). 예수님은 점심 도시락 하나가 5천 명이 먹고 남을 만큼 엄청난 음식으로 바뀌게 하셨다. 예수님은 무화과나무를 시들게 하셨고, 꼬부라진 손을 온전히 펴지게 하셨다. 예수님은 물위를 걸으셨고, 귀신을 쫓아내셨으며, 앞 못 보는 사람이 눈을 뜨게 하셨고, 죽은 자를 살리셨다. 이 모든 메시지의 핵심은 영적 공급은 우리가 구하는 것이나 우리 상상을 초월한다는 사실이다. 이 모든 능력과 공급이 어디서 왔는가? 위로부터 왔다. 그리스도께서 계시는 영역에서, 우리가 생각과 마음과 무엇보다도 모든 충성을 두도록 부름받은 곳에서 왔다.

위로부터 남: 깨어난 영적 감각들

●

위로부터 난다는 말에 다른 어떤 의미가 있는가? 위로부터 난다는 말은 우리를 초월하는 능력으로 다시 태어난다는 말이다. 우리는 그리스도와 함께 십자가에 못 박히고 그리스도와 함께 다시 살아남으로써 우리보다 큰 능력으로 다시 태어났다. 존 웨슬리는 "새로운 출생"이란 설교에서, 위로부터 나지 않은 자들은 (시각, 청각, 후각 등) 육체적 감각을 갖지만, 영적 영역과 연결될 수 없다고 설명한다.

어떤 사람이 단순히 자연적 상태에 있으면, 곧 하나님에게서 나기 전이면, 영적 의미에서 눈이 있으나 보지 못합니다. 뚫을

위로부터의
삶

수 없는 두꺼운 베일이 그를 덮고 있습니다. 그는 귀가 있으나 듣지 못합니다. 자신이 가장 간절히 듣고 싶은 것을 전혀 듣지 못합니다. 그의 영적 감각들이 모두 막혀 있습니다. 이것들을 전혀 갖지 못한 것과 같은 상태입니다. 따라서 그는 하나님을 아는 지식이 없습니다. 하나님과 소통하지 못합니다. 하나님과 전혀 사귐이 없습니다. 그는 영적인 것이든 영원한 것이든 간에 하나님의 것에 대해 참 지식이 없습니다. 그러므로 그는 살아 있으나 죽은 그리스도인입니다.[3]

그러나 사람이 위로부터 나면, 그의 **영적 감각들**이 깨어난다. 웨슬리는 이렇게 설명했다.

그러나 하나님에게서 나자마자 이 모든 것이 완전히 바뀝니다. 그는 "마음의 눈이 밝히" 열려 "예수 그리스도의 얼굴에 있는 하나님의 영광을 아는 빛을," 그분의 아름다운 사랑을 봅니다. 그는 귀가 열려 이제 내면에서 "안심하라. 네 죄 사함을 받았느니라", "가서 다시는 죄를 범하지 말라"는 하나님의 음성을 들을 수 있습니다. 그는 우리 교회의 말로 표현하자면 "마음에 하나님의 영이 하시는 능하신 일을 느낍니다." 그는 하나님의 영이 자신의 마음에 부으시는 은혜를 느끼며, 내면에서 감지할 수 있습니다. 그는 "모든 지각에 뛰어난 평강"을 느끼고 감지합니다.[4]

위대한
여 정

위로부터 나면, 하나님의 영광을 볼 수 있고, 하나님이 우리에게 하시는 말씀을 들을 수 있으며, 하나님의 임재를 느낄 수 있고, 하나님의 선하심을 맛보아 알 수 있으며, 하나님의 영광의 향기를 맡을 수 있다. 하나님 나라에 깊이 들어가려면, 이것은 필수다.

염려와 두려움이 없는 삶

●

우리를 둘러싼 세상은 무섭다. 뉴스 보기가 쉽지 않다. 테러, 지진, 자연재해가 사방에서 일어난다. 그러나 예수님의 음성이 들린다. "목숨을 부지하려고 … 걱정하지 말아라"(마 6:25). 제정신에서 하는 말 같지 않고 또 불가능하게 들린다. 그러나 하나님 나라는 흔들리지 않는다(히 12:28). 하나님 나라에서는 모든 일이 협력해서 선을 이룰 수 있다(롬 8:28). 이런 까닭에 먼저 하나님 나라를 구하라는 예수님의 명령은 지극히 중요하다. 그 무엇도, 천사나 귀신이나 권세들이나 그 무엇도 우리를 하나님의 사랑에서 끊을 수 없다. 죽음이라도.

그러나 위로부터 오는 생명의 비밀을 배울 때, 예수님이 하신 말씀, 곧 우리가 죽음을 겪지 않으리라는 말씀(요 8:52)이 사실임을 깨닫는다. 위대한 선교사 에이미 카마이클(1867-1951)이 다섯 살 소녀의 침대 곁에 있었던 이야기를 아주 좋아한다. 룰라는 심하게 아파 죽어 가고 있었다. 사람을 보내 의료 선교사를 불렀으나 너무 늦게 도착했다. 카마이클은 그때 일을 이렇게 회상한다.

밤과 낮 사이의 서늘한 시간이었습니다. 룰라가 누워 있는 방에는 등불이 희미하게 타고 있었습니다. 어두운 방에는 우리가 보는 것을 설명해 줄 게 전혀 없었습니다. 아이는 아팠고, 가까스로 숨을 쉬었으며, 우리가 줄 수 없는 것을 바라며 우리를 향해 고개를 돌렸습니다. 나는 룰라를 남겨 두고 옆방으로 가서 속히 룰라를 데려가 달라고 우리의 아버지께 부르짖었습니다. 내가 룰라의 방을 비운 것은 채 1분도 되지 않았습니다. 그런데 내가 룰라의 방에 다시 돌아갔을 때, 룰라에게서 빛이 났습니다. 룰라의 작고 사랑스러운 얼굴이 놀라움과 행복으로 빛났습니다. 룰라는 좋아 어쩔 줄 모르는 아이처럼 위를 보며 손뼉을 치고 있었습니다. 룰라는 나를 보자 두 팔을 내밀어 내 목을 끌어안았습니다. 마치 서둘러 작별 인사를 하고 떠나기라도 하듯 말입니다. 룰라는 다른 사람들에게도 똑같이 했습니다. 마지막으로, 룰라는 우리 눈에 보이지 않는 그 누군가를 향해 두 팔을 내밀고 손뼉을 쳤습니다. 이 광경을 본 사람이 하나뿐이었다면, 우리는 의심했을 것입니다. 그러나 세 사람 모두 보았습니다. 룰라의 얼굴에 고통의 흔적이라곤 없었습니다. 룰라는 절대 아픔을 다시 겪지 않을 터였습니다. 우리는 룰라가 보고 있는 곳을 보았습니다. 거의 룰라가 보고 있는

위대한
여 정

것을 우리가 보고 있다고 생각하면서요. 연못 가장자리에서 이는 물보라가 이와 같을 수 있다면, 기쁨의 샘은 무엇이어야 할까요?[5]

어린 룰라는 무엇을 보았는가? 룰라가 본 것은 얼마나 멀리 떨어져 있었는가? 예수님과 스데반과 베드로처럼, 룰라도 자신의 한가운데서 하늘이 열리는 것을 보았다. 아무것도, 설사 죽음이라도 우리를 하늘에서 끊을 수 없다. 그때까지 우리는 이따금 연못 가장자리에서 이는 물보라를 만나며, 우리가 안전하다는 것을 안다.

위로부터의 삶은 또한 우리를 강하게 한다. 노르위치의 줄리안(1342-1416)은 이렇게 썼다. "하나님이 늘 사람과 함께 계시기에 … 하나님을 볼 수 있는 사람은 영과 몸이 안전하며 해를 당하지 않게 될 것입니다. 더 나아가, 그는 세상이 말할 수 있는 것보다 큰 위로와 힘을 얻을 것입니다."[6] 늘 우리와 **함께하시는** 하나님! 위로부터의 삶을 묘사하는 참으로 아름다운 방식이다. 안전, 평화, 힘은 보이는 것이 아니라 보이지 않는 것을 보는 데서 자연스럽게 흘러나온다.

위로부터의 삶을 경험하도록 하루하루를 정돈하기
●

스캇 펙(1936-2005)은 20세기의 모든 발명 중에 12단계 프로

그램이 가장 중요하다고 말했다. 이 회복 프로그램은 그리스도인들이 창안했다. 그러나 그리스도인들은 이 프로그램의 기독교 언어를 고수하면 어떤 사람들에게는 도움을 구할 길이 막히리라는 것을 알았다. 그래서 어휘를 좀 더 포괄적으로 바꾸었다. 그러나 12단계 프로그램의 힘은 다른 게 아니라 위로부터의 삶을 배우고, 우리 자신보다 큰 힘에 다가가는 데 있다. 중독자가 가진 그 어떤 힘도 이들의 삶을 회복시키기에는 너무 약하기 때문이다.

첫 단계는 이들이 중독 매체(술, 마약, 섹스)에 대해 아무 힘이 없음을 인정하는 것이다. 이러한 매체는 **힘**이 되었고, 중독자보다 큰 힘이 되었다. 둘째 단계는 우리 자신보다 크며 실제로 우리를 회복시킬 힘이 있음을 믿는 것이다. 이것이 소망의 단계다. 우리 자신은 변화를 일으키고 우리가 되어야 마땅한 모습으로 우리를 회복시킬 힘이 없다. 셋째 단계는 우리의 의지와 삶을 하나님의 보살핌에 (한 번 그리고 언제나) 넘기기로 결정하는 것이다. 이것은 그만두길 그만두고, 중독 매체의 힘보다 훨씬 강력한 힘을, 즉 하나님의 능력을 의지하기 시작하겠다는 결정이다.

처음의 세 단계가 해방과 변화의 과정을 형성한다. 우리는 사실 이렇게 말하고 있다. "예, 나는 문제가 있어요. 예, 나는 해결책이 있다고 믿어요. 예, 나는 그 도움을 받아들이겠어요." 이세 단계의 춤은 위로부터의 삶과 같다. "나는 할 수 없지만 당신은 하실 수 있으니, 도와주십시오." 우리는 하나님 나라의 근원을 의지하고, 성령의 영역을 의지하며, 우리가 마주치는 그어떤 장애물보다 큰 하나님의 능력을 의지한다. **이 과정은 중독자에게만 작동하는 게 아니다.** 우리 모두에게, 언제나 작동한다. 우리의 문제는 중독자들의 문제만큼 심각하지는 않을 것이다. 그렇더라도, 하나님은 우리 삶에서, 우리의 평범한 삶에서 행동하길 원하신다. 다음은 그 몇 예다.

> ● 하나님은 우리 삶에서, 우리의 평범한 삶에서 행동하길 원하신다.

- 당신과 직장 동료 사이에 문제가 있다. 당신은 자신의 머리로 그 문제를 해결하려 애쓸 수 있다. 또는 위로부터의 삶을 살면서 그 문제를 두고 기도하고 하나님이 당신을 도우시게 하며 늘 눈을 크게 뜨고 더 나은 소통을 위한 자원과 이벤트와 방법을 찾을 수 있다.
- 당신은 부모로서 학교에서 힘들어하는 자녀를 도울 올바른 방법을 찾느라 애를 먹고 있다. 당신은 자신의 권위를 내세우고 당근과 채찍을 사용해 좀 더 잘하라며 아이를 압박할 수 있다. 또는 위로부터의 삶을 살면서 자녀를 위해 기도하고, 예수님이 당신의 자녀를 깊이 돌보신다는 사실에 초점을 맞추고 지금처럼 자녀에 대해 걱정하지 않을 수 있다.

문제를 하나님께 맡기고, 당신이 그들을 사랑하고 응원한다는 것을 자녀에게 알리고, 자녀가 자신의 길을 찾으리라 믿어라.

- 당신은 창의적 프로젝트를 진행하다가 막혔다. 밀어붙이고 소란을 떨며 조바심치는 (아래로부터의 삶) 대신, 이 프로젝트를 하나님께 맡기고, 그사이에 그분께 지혜와 통찰을 구하고, 더 큰 창의력을 구하며, 평안과 평온을 구할 수 있다.

나는 이것을 **일상 속 신비주의**라고 부르고 싶다. 하나님은 우리 삶의 평범한 사건들에 관심이 없다고 생각하기 쉽다. 그렇지 않다.

> ● 하나님이 당신의 삶에서 어떻게 행하셨는지를 생각할 때, 자신이 스스로 깨달은 것보다 신비롭다고 생각하는가? 그렇다면 이것이 어떻게 당신을 자극하는가?

위로부터의 삶을 살기 위해 우리의 하루하루를 정돈하는 아주 좋은 방법이 있다. 매일 아침 그날의 일정을 훑어보기 시작하는 것이다. 참석해야 할 회의, 만나야 할 사람들, 진행해야 할 프로젝트가 있을 것이다. 이것들 하나하나를 하나님께 가져가라. 나는 예수님이 온종일 나와 함께하신다고 상상하길 좋아한다. 이런 상상은 내가 그분의 임재를 더 의식하고 그분의 음성에 더 집중하는 데 도움이 된다. 이것은 우리가 아무런 문제나 방해를 만나지 않으리라는 뜻이 아니다. 그러나 우리의 생각과 마음을 위의 것에, 그리스도가 계신 곳에 고정하는 데 도움이 된다(골 3:1-3).

복되지 못한 상황을 위한 복음

●

살면서 겪을 수밖에 없는 모든 슬픔과 상실과 상처 중에 거절과 고난이 가장 힘든 축에 든다. 내가 이 장을 시작하며 말했던 부부는 인간적으로 복되지 못한 상황에 있었다. 아들을 잃었다. 이런 순간들에 우리는 자신이 예수님의 복음을 붙잡았는지 그러지 못했는지 발견한다. 예수님은 영원하고 흔들리지 않는 나라에서 이루어지는 하나님과 함께하는 삶으로 우리를 초대하신다. 이러한 초대는 고난의 때에 우리에게 위로를 줄 수 있고 또 줄 것이다. 의사가 나쁜 소식을 전하거나, 사랑하는 사람이 더는 우리를 사랑하지 않는다고 말하거나, 사장이 우리를 내보내야 하는 이유를 설명할 때, 바로 이때 복음이 우리를 감싸 안을 수 있다. 지극히 작은 자들, 길 잃은 자들, 지극히 낮은 자들이 예수님께 끌렸다. 이들은 그분 안에서, 그분이 자신들에게 제안하시는 나라에서 자신들이 복이 있으리라는 것을 알았기 때문이다.

복음은 단순히 우리의 죄 문제를 해결하는 것만 다루지 않는다. 복음은 우리가 겪는 **고난**의 문제도 다룬다. 좋은 소식은 예수님을 따르는 우리는 눈을 크게 뜬 채 다른 세상에 소속되어 그 세상으로부터 살고 있다는 것이다. 하나님은 우리의 기쁨과 고난 가운데 우리와 함께하신다. 이것이 예수님의 복음이 우리에게 말하는 것이다. 이것은 우리가 두려움 없이 살 수 있고, 기쁨으로 살 수 있으며, 우리에게 일어나는 모든 일이 궁극적으로 선하고 아름다우며 참된 하나님의 손에, 모든 것이 협력하여 선을 이루게 하실 수 있는 분의 손에 있음을 믿을 수 있다고 말한다.

● 복음은 단순히 우리의 죄 문제를 해결하는 것만 다루지 않는다. 복음은 우리가 겪는 고난의 문제도 다룬다.

"시간이 약이다"라는 말이 있다. 나는 이 말에 동의하지 않는다. 시간은 상처 입은 우리가 안정을 찾도록 도와주지만, 여전히 아픔은 남는다. 우리 딸 매들린은 20년 전에 우리 곁을 떠났으나 그 아픔은 매들린이 죽은 날만큼이나 지금도 생생하게 남아 있다. 하나님은 이 아픔을 제거하지 않으신다. 나는 위대한 신학자 디트리히 본회퍼의 말에서 큰 위로를 얻었다.

그 무엇도 우리가 사랑하는 사람의 빈자리를 채울 수 없으며, 대체물을 찾으려는 것은 잘못입니다. 우리는 그 빈자리를 버티고 견딜 수밖에 없습니다. 처음에는 매우 힘들게 들립니다.

위대한
여 정

그러나 그와 동시에 위로가 되기도 합니다. 왜냐하면 간극이 채워지지 않고 그대로 있는 한 우리 사이의 유대를 보존하기 때문입니다. 하나님이 간극을 채우신다고 말하는 것은 난센스입니다. 하나님은 간극을 채우시지 않습니다. 오히려 반대로, 하나님은 큰 아픔이 있더라도 간극을 그대로 두심으로써 우리가 전에 서로 나눴던 교제를 생생하게 되살려 내도록 도우십니다.[7]

위에 계시지만 우리와 매우 가까이 계시는 하나님은 간극을 채우지 않으시며, 이로써 우리와 매들린이 나눴던 교제가 늘 살아 있게 하신다. 이것이 우리가 위로부터의 삶을 살아가는 아름다운 한 방식이다. 하나님은 우리에게 공급과 신뢰를 가르치고 계신다.

영혼의 훈련: 생각을 그리스도께 고정하라

우리는 무엇보다도 예수 그리스도의 삶을 묵상하는 일에 힘을 기울여야 합니다.
— **토마스 아 켐피스**(1380-1471)

훈련은 아주 단순하다. 복음서 한 단락을 천천히 읽으면서 그 장면을 머릿속으로 그려 보라. 주어진 단락을 읽으면서, 상상력을 발휘해 일어나고 있는 일을 보라. 인물, 장소, 광경, 냄새, 소리를 상상해 보라. 이야기 속 구경꾼이 되어 보라. 모든 초점을 예수님께 맞춰라. 그분이 하시는 말씀과 행동에 주목하라. 모든 말씀과 행동에서 그분의 성품이 물결치게 하라. 이 훈련을 하면서 깊이 와 닿는 게 있다면 일기장에 꼭 기록하라.

그리스도 묵상하기

사흘째 되는 날에 갈릴리 가나에 혼인 잔치가 있었다. 예수의 어머니가 거기에 계셨고, 예수와 그의 제자들도 그 잔치에 초대를 받았다. 그런데 포도주가 떨어지니, 예수의 어머니가 예수에게 말하기를 "포도주가 떨어졌다" 하였다. 예수께서 어머니에게 말씀하셨다. "여자여, 그것이 나와 당신에게 무슨 상관이 있습니까? 아직도 내 때가 오지 않았습니다." 그 어머니가 일꾼들에게 이르기를 "무엇이든지, 그가 시키는 대로 하세요" 하였다. 그런데 유대 사람의 정결 예법을 따라, 거기에는 돌로 만든 물항아리 여섯이 놓여 있었는데, 그것은 물 두세 동이들이 항아리였다. 예수께서 일꾼들에게 말씀하셨다. "이 항아리에 물을 채워라." 그래서 그들은 항아리마다 물을 가득 채웠다. 예수께서 그들에게 말씀하시기를 "이제는 떠서, 잔치를 맡은 이에게 가져다주어라" 하시니, 그들이 그대로 하였다. 잔치를 맡은 이는, 포도주로 변한 물을 맛보고, 그것이 어디에서 났는지 알지 못하였으나, 물을 떠온 일꾼들은 알았다. 그래서 잔치를 맡은 이는 신랑을 불러서 그에게 말하기를 "누구든지 먼저 좋은 포도주를 내놓고, 손님들이 취한 뒤에 덜 좋은 것을 내놓는데, 그대는 이렇게 좋은 포도주를 지금까지 남겨 두었구려!" 하였다. 예수께서 이 첫 번 표징을 갈릴리 가나에서 행하여 자기의 영광을 드러내시니, 그의 제자들이 그를 믿게 되었다(요 2:1-11).

위로부터의 삶을 사는 훈련

●

이번 주는 당신의 생각과 마음을 "그리스도께서 하나님의 오른쪽에 앉아 계시는" 곳에 고정하라(골 3:1). 하루하루를 살아갈

위로부터의
삶

때, 우리가 하나님 나라라고 부르고 바로 우리 가운데 있는 다른 차원의 현실이 가까이 있다는 사실을 명심하라. 당신의 가장 높은 충성은 이 세상 나라들이 아니라 하나님이 사랑하시는 아들의 나라를 향해야 함을 자신에게 일깨우라.

위대한
여 정

제4장

하나님께 귀 기울이기

왜 사람들은 우리가 하나님께 말할 때는 기도하고 있다고 말하면서 하나님이 우리
에게 말씀하실 때는 조현병을 앓고 있다고 말하는가?

—릴리 톰린(1939-)

종교학 개론이란 수업을 진행하던 때였다. 우리는 윌리엄 제임
스(William James, 1842-1910)의 고전 《종교적 경험의 다양성》(한
길사)을 읽고 있었다. 이 책에서 제임스는 사람들이 하나님을 만
나는 다양한 방법을 얘기한다. 나는 수업을 듣는 학생들 중에
누구라도 종교적 체험을 해 보았거나 하나님이 자신에게 말씀
하셨다고 느낀 적이 있다면 그 자리에서 편안하게 얘기해 달라
고 말했다. 강의실에 침묵이 흘렀다. 모두 고개를 떨궜다("교수
님, 제발 저를 지목하지 마세요!"라고 말하는 전형적인 움직임이다).

"알겠습니다. 제 얘기를 하죠." 내가 말했다. 나는 하나님이
내게 말씀하고 계신다고 느꼈던 순간들을 얘기하기 시작했다.
얘기가 끝나자 다시 침묵이 흘렀다. 잠시 후, 누군가 손을 들었
다. 남학생이 숲속을 걷다가 하나님이 자신에게 하시는 말씀을
들었다고 말했다. 그는 하나님이 하신 말씀은 개인적인 내용이

라 말하지 않겠다고 했다. 나는 그 마음을 이해한다며, 얘기해
줘서 고맙다고 말했다. 잠시 침묵이 흐른 후, 다른 한 사람이 손
을 들었다. 그러더니 또 다른 사람, 또다시 다른 한 사람이 손을
들었다. 우리는 수업 시간 내내, 종교적 체험과 하나님과의 소
통에 관한 이야기를 들었다. 거의 모든 학생이 자신의 이야기를
나눴는데, 시간만 더 있었다면 모든 학생이 각자의 이야기를 나
누었을 것이다.

　수업이 끝날 무렵, 학생들에게 혹시 여기서 한 얘기를 전에
누군가에게 한 적이 있느냐고 물었다. 모두 하나같이 고개를 가
로저었다. 이유를 묻자, 한 여학생이 이렇게 답했다. "그 체험
이란 게 매우 개인적이잖아요. 그리고 정말로 하나님이 우리에
게 말씀하신 것인지, 아니면 우리가 꾸며 낸 것인지 알기 어려
워요. 게다가, 우리가 이런 얘기를 하면 대부분은 우리더러 미
쳤다고 할 거예요. 그러니 나만 알고 있는 게 더 나아요." 대부
분의 사람들이 이렇게 한다. 사람들은 이러한 체험을 나누는 게
안전하다고 느끼지 않는 한 나누지 않는다. 사람들이 이러한 이
야기들을 하지 않는 또 다른 이유는 이런 얘기를 하면 자신이
특별해 보이기 때문이 아닐까 싶다. "와, 하나님이 당신에게 말
씀하셨군요! 그러니까 당신은 거룩하거나 뭔가 대단한 사람이
네요."

　타냐 마리 루어만(Tanya Marie Luhrmann, 1959-　)은 정신 인류
학자이며 스탠퍼드 대학교의 인류학과 교수다. 타냐는 복음주

의 그리스도인들을 대상으로 하나님의 음성을 듣는 것과 관련된 연구를 한 후 이렇게 말했다.

> 대부분의 경우, 이들의 대부분에게 하나님은 마음속에서 고요한 음성이나 기도 중에 떠오르는 이미지를 통해 답하신다. 그러나 이들 중 많은 사람이 하나님을 감각적으로 체험했다고 답하기도 했다. 이들은 하나님이 자신의 어깨를 두드리셨다거나, 뒷자리에서 자신을 사랑한다고 말씀하신 것을 귀로 들었다고 답했다. 실제로, 1999년 갤럽은 전체 미국인의 23퍼센트가 기도에 대한 응답으로 음성을 듣거나 환상을 보았다고 발표했다.[1]

타냐가 인용한 수치는 거의 정확할 것이다. 이런 일은 사람들이 편안하게 인정하는 것보다 자주 일어난다. 확신컨대, 내가 아는 대부분의 그리스도인은 마치 하나님이 설교자를 통해 자신에게 직접 말씀하고 계셨다는 듯이, 설교자의 어떤 말에 감동했다고 편안하게 말한다. 그러나 하나님이 성경에서 사람들에게 말씀하시는 방식으로 자신에게 말씀하셨다고 주장하는 사람은 거의 없다.

> ● 하나님의 음성 분별하기는 영원을 사는 삶, 곧 위로부터
> 의 삶에서 필수다.

하나님의 음성 분별하기는 영원을 사는 삶, 위로부터의 삶에서 필수다. 우리는 하나님의 말씀을 듣는 법을 배움으로써, 온전히 하나님 나라에서 살아가는 데 필수적인 그리스도의 마음을 갖게 된다. 위로부터 난다는 것은 영적인 하나님 나라를 향해 살아 있게 된다는 뜻이다. 거듭남의 표식 중 하나는 하나님이 우리 각자에게 개인적으로 하시는 말씀을 듣고 적용하는 능력이 생긴다는 것이다. 《위대한 이야기》에서 설명했듯이, 복음은 우리를 이 새로운 세상으로 끌어들인다. 그것도 우리가 죽을 때가 아니라 바로 지금 말이다. 이것이 "은혜에서 자란다"는 뜻이기도 하다. 성경은 이런 이야기로 가득하며, 하나님이 **지금** 여기서 우리와 소통하려 하신다고 증언한다.

성경의 증언
●

성경은 하나님이 사람들에게 말씀하신다고 놀라운 증언을 한다. 창세기부터("아담아, 네가 어디 있느냐?") 계시록까지("이것들을 증언하신 이가 이르시되, 내가 진실로 속히 오리라") 하나님은 끊임없이 사람들과 소통하신다. 야곱은 잠에서 깨어 놀라운 광경을 보았

하나님께
귀 기울이기

다. "야곱은 잠에서 깨어서, 혼자 생각하였다. '주님께서 분명히 이곳에 계시는데도, 내가 미처 그것을 몰랐구나.' 그는 두려워하면서 중얼거렸다. '이 얼마나 두려운 곳인가! 이곳은 다름 아닌 하나님의 집이다. 여기가 바로 하늘로 들어가는 문이다'"(창 28:16-17). 첫 장에서 보았듯이 천국은 우리 가운데 있다.

사무엘상 3장 1절은 "주님께서 말씀을 해 주시는 일이 드물었고, 환상도 자주 나타나지 않았다"라고 말한다. 다시 말해, 사무엘이 신비한 방법으로 부르심을 받을 때까지 이러했다. 그런데 하나님이 귀에 들리는 음성으로 사무엘을 부르셨다. 사무엘은 엘리 제사장이 자신을 부른다고 생각해 제사장에게 달려갔으나 엘리 제사장은 "내가 부르지 않았다"고 말한다. 이런 일이 두 번 더 있은 후, 사무엘은 마침내 자신을 부르시는 분이 하나님임을 깨닫는다. 하나님이 사무엘에게 말씀하신다. "내가 이제 이스라엘에서 어떤 일을 하려고 한다. 그것을 듣는 사람마다 무서워서 귀까지 멍멍해질 것이다"(삼상 3:11).

● 야곱은 "주님께서 분명히 이곳에 계시는데도, 내가 미처 그것을 몰랐구나"라고 말했다. 우리가 야곱과 같은 경험을 너무도 자주 하는 것을 안타까워한 적이 있는가?

하나님의 음성과 관련해 구약성경에서 가장 유명한 이야기는 열왕기상 19장 11-12절일 것이다. 엘리야는 도망치며 광야

위대한
여 정

를 헤매다 어느 동굴에 들어갔다. 갑자기 강한 바람이 불고, 땅이 흔들리며, 불이 타올랐다. 그러나 하나님은 이 가운데 어디에도 계시지 않았다. 그 후 갑자기 세미한 소리가 있었고, 엘리야는 이 소리를 들을 때 하나님의 음성을 들었다. 하나님은 세미한 음성으로 말씀하길 선호하시는 것으로 보인다. 내가 이렇게 생각하는 이유는, 하나님은 극적인 것으로 우리를 압도하길 원하시는 게 아니라 조용히 우리를 달래길 원하시기 때문이다.

나는 엘리사와 아람왕 이야기를 좋아한다. 아람왕은 이스라엘과 전쟁을 하려 했다. 왕은 신하들에게 비밀 군사 전략을 하달했으나 엘리사는 자신의 침실에서 왕이 하는 말을 들을 수 있었다(도청장치 얘기를 해 보라!). 아람왕은 이 사실을 알았을 때, 엘리사를 잡아 오라며 기마와 병거를 보냈다. 엘리사는 사환에게서 자신이 포위되었다는 얘기를 들었을 때, 이렇게 말했다.

"두려워하지 말아라! 그들의 편에 있는 사람보다는 우리의 편에 있는 사람이 더 많다." 그렇게 말한 다음에 엘리사는 기도를 드렸다. "주님, 간구하오니, 저 시종의 눈을 열어 주셔서, 볼 수 있도록 해 주십시오." 그러자 주님께서 그 시종의 눈을 열어 주셨다. 그가 바라보니, 온 언덕에는 불 말과 불 수레가 가득하여, 엘리사를 두루 에워싸고 있었다(왕하 6:16-17).

하나님께
귀 기울이기

보이지 않는 영역에 불 수레가 나타났다. 엘리사는 천사들과 소통했다. 이러한 체험들이 성경 도처에 나온다. 이것들은 실제 사건을 들려주는가, 아니면 신화일 뿐인가?

신약성경도 이러한 이야기로 넘쳐나기는 마찬가지다. 예수님이 세례를 받으실 때, 하늘이 열리고 음성이 들렸다. "이는 내 사랑하는 아들이다." 복음서 도처에서 예수님은 하늘에 계신 아버지와 끊임없이 소통하신다. 이것은 지속적 소통이다. 요한복음 17장에서 예수님은 하나님께 직접 말씀하시며, 우리가 영생을 얻고[영생은 아버지와 아들을 아는 것이다(3절)], 자신과 아버지가 하나이듯 우리도 하나 되길 기도하셨다(11절).

예수님은 자신을 따르는 이들이라면 자신의 음성을 알아차리리라고 분명하게 말씀하셨다. 예수님은 우리를 양에, 자신을 목자에 비유하며 이렇게 말씀하셨다. "문지기는 목자에게 문을 열어 주고, 양들은 그의 목소리를 알아듣는다. 그리고 목자는 자기 양들의 이름을 하나하나 불러서 이끌고 나간다. 자기 양들을 다 불러낸 다음에, 그는 앞서서 가고, 양들은 그를 따라간다. 양들이 목자의 목소리를 알고 있기 때문이다"(요 10:3-4). 마지막으로, 예수님은 바울에게 직접 말씀하셨다.

사울이 길을 가다가, 다마스쿠스 가까이에 이르렀을 때에, 갑자기 하늘에서 환한 빛이 그를 둘러 비추었다. 그는 땅에 엎어졌다. 그리고 그는 "사울아, 사울아, 네가 왜 나를 핍박하느냐?" 하는 음성을 들었다. 그래서 그가 "주님, 누구십니까?" 하고 물으니, "나는 네가 핍박하는 예수다. 일어나서, 성안으로 들어가거라. 네가 해야 할 일을 일러 줄 사람이 있을 것이다" 하는 음성이 들려왔다(행 9:3-6).

더 흥미로운 성경 구절이 있다. 과연 이방인들이 유대인의 관습을 모두 지켜야 하는지를 두고 제자들이 논쟁하는 장면이다. 이들이 다음과 같이 결론을 내린 것을 보면 성령의 음성을 듣고 있었을 것이다. "이 필수 사항들 외에 여러분에게 더는 짐을 지우지 않는 게 성령님과 우리에게 좋아 보였습니다"(행 15:28, NRSV 직역). 이들이 둘러앉아 성령께 귀 기울였고, 성령께서 이를테면 "친구들, 그게 내게도 좋아 보이네"라고 말씀하셨다고 생각하니 재미있다.

회의주의자들은 이러한 이야기들을 모두 듣고 이렇게 말할 수 있다. "글쎄요. 이것들은 신화이며 꾸며 낸 이야기일 뿐입니다. 하나님이나 천사의 음성을 들었다는 터무니없는 주장들로 넘쳐나는 옛날이야기지요. 그런 일은 일어나지 않았어요. 전혀 증거가 없다고요." 이들이 옳다. 증거는 없다. 우리가 가진 건 자신들의 체험을 우리에게 들려주겠다고 양피지를 펴 놓고 펜을 든 사람들의 증언뿐이다.

역사 내내

●

최초의 그리스도인들부터 오늘날 그리스도를 따르는 이들까지, 무수히 많은 사람들이 하나님의 음성을 듣고 천상의 영역과 소통한 체험을 증언했다. 기독교 역사에서 하나님의 음성을 들었다고 이야기를 전한 중요한 인물들을 모두 들자면, 이 책보다 많은 지면과 잉크가 필요하다. (패트릭부터 프란체스코와 테레사까지) 이름 앞에 '성聖'이 붙은 사람들은 하나같이 하나님을 숱하게 만났다. 루터, 칼뱅, 웨슬리 같은 위대한 개혁자들은 다양한 방법으로 하나님의 음성을 들었다고 했다. 좀 더 현대로 내려오면, 마틴 루터 킹 주니어(1929-1968)는 예수님의 음성을 직접 들었다고 증언했다. 1956년 겨울, 킹은 자신의 집 식탁에 앉아 몽고메리 버스 보이콧* 중에 자신과 자신의 가족에게 무슨 일이 일어날지 몰라 두려워하고 있을 때 자신에게 직접 말씀하시는 예수님의 음성을 들었다고 했다. "내가 너와 함께하리라." 킹은 이 말씀에 이 운동을 계속할 용기를 얻었다고 했다.

우리의 신앙 역사가 낳은 훌륭한 찬송들이 하나님의 임재와 음성을 증언한다. 〈내 맘의 주여 소망 되소서Be Thou My Vision〉("밤이나 낮이나 주님 생각, 잘 때나 깰 때 함께하소서")부터 〈복의 근원 강림하사Come, Thou Fount of Every Blessing〉("하나님의 품을 떠나 죄

---

* 1955년 몽고메리에서 버스 내 인종 분리에 항의해 일어난 사건.

위대한
여 정

에 빠진 우리를, 예수 구원하시려고 보혈 흘려 주셨네"), 〈예수가 거느리시니^{He Leadeth Me}〉("예수가 거느리시니 즐겁고 평안하구나"), 〈주 음성 외에는^{I Need Thee Every Hour}〉("주 음성 외에는 더 기쁨 없도다, 날 사랑하신 주 늘 계시옵소서"), 그리고 내가 가장 좋아하는 찬송인 〈저 장미꽃 이슬 위에^{In the Garden}〉까지.

> 그 청아한 주의 음성 우는 새도 잠잠케 한다
> 내게 들리던 주의 음성이 늘 귀에 쟁쟁하다
> 주님 나와 동행을 하면서 나를 친구 삼으셨네
> 우리 서로 받은 그 기쁨을 알 사람이 없도다[21]

오랜 세월, 그리스도인들은 이러한 찬송들을 부르며 영광스러운 진리를 선포했다. 하나님은 침묵하지 않으시고, 하나님은 멀리 계시지 않고 바로 우리 곁에 계신다는 것이다. 하나님은 우리를 찾으시고, 하나님은 우리를 인도하시며, 하나님의 부드러운 음성이 평화와 기쁨을 가져다준다.

정말 하나님인가

●

성경의 이러한 이야기들, 세대마다 그리스도를 따르는 이들의 삶이 만들어 내는 이야기들, 이러한 찬송 가사들을 읽을 때마다, 이것들이 설득력 있고 동기를 부여한다는 점을 느낀다.

하나님께
귀 기울이기

나도 하나님과 이렇게 소통하고 싶다. 그러나 해결해야 할 문제가 있다. 불확실성이다. 하나님의 음성 듣기와 관련해 마주치는 첫째 문제는 그게 정말 하나님의 음성인지 알기 어렵다는 것이다. 나는 하나님의 말씀을 들은 후 이렇게 반응했던 기드온을 더 닮았다. "참으로 나를 좋게 보아 주신다면, 지금 나에게 말씀하시는 분이 정말로 주님이시라는 증거를 보여 주십시오"(삿 6:17).

대부분의 경우, 하나님은 의심의 여지가 전혀 없는 말씀으로 우리를 압도하지는 않으신다고 나는 믿게 되었다. 모세는 불타는 떨기나무를 보았고, 바울은 나귀에서 떨어졌다. 그러나 대체로, 하나님은 우리에게 의문과 의심의 여지가 남는 방식으로 말씀하신다. 내가 기도하며 해답을 찾을 때, 하나님이 알파벳 수프*의 글자로 답하신다면 의심의 여지가 거의 없을 것이다. "어떻게 이런 우연이! 오늘 내 수프에 '줄리 존스와 결혼해'라는 문장이 나타났어요. 놀라워요. 이제 어떻게 해야 하는지 알겠어요."

> ● 우리가 교회에서 의심에 대해 충분히 얘기한다고 생각하는가? 왜 그렇게 생각하는가, 또는 왜 그렇게 생각하지 않는가?

---

* 면 하나하나가 알파벳 글자로 된 파스타.

위대한
여 정

나는 의심과 불확실성이 하나님과 우리 사이에 이루어지는 소통의 일부라고 생각한다. 프레드릭 비크너(Frederick Buechner, 1926-)는 의심을 "신앙의 바지에 들어간 개미들"이라고 표현했다. 이것들은 우리를 계속 움직이게 하고, 안주하지 못하게 한다. 그러므로 하나님이 설교를 통해, 친구를 통해, 성경 구절을 통해, 또는 부드러운 음성으로 당신에게 말씀하신다고 느꼈을 때 **"정말 하나님이실까?"**라고 의문을 품었다면, 지극히 정상이며 어쩌면 당연하다. 이러한 불확실성은 과연 그것이 당신을 **위한** 말씀인지 당신**에게서** 나온 말인지 확인하는 여정에 나서게 만든다.

소통의 다양한 형식
●

간단한 질문으로 시작하자. 하나님은 어떻게 우리에게 말씀하시는가? 성경에서 하나님은 개개인에게 직접 말씀하신다. 때로 불타는 떨기나무를 통해, 때로 천사를 통해, 때로는 세미한 음성을 통해 말씀하신다. 옛사람들은 오늘의 우리와 달리 성경이 없었다. 그러나 하나님은 이들에게 말씀하셨고, 이들이 하나님과 소통한 기록이 우리에게 있다. 어쨌든, 성경은 하나님이 자신의 백성에게 하신 말씀의 기록이며, 우리는 하나님의 백성이다. 성경에서 하나님은 꿈을 통해, 예언을 통해, 교회의 다른 사람들을 통해 말씀하신다. "여러분이 함께 모이는 자리에는,

하나님께
귀 기울이기

찬송하는 사람도 있고, 가르치는 사람도 있고, 하나님의 계시를 말하는 사람도 있고, 방언으로 말하는 사람도 있고, 통역하는 사람도 있습니다. 모든 일을 남에게 덕이 되게 하십시오"(고전 14:26). 성경에서 하나님은 음성을 통해, 현상을 통해, 현상 더하기 음성을 통해(불타는 떨기나무, 예수님의 세례), 환상을 통해, 사람의 음성을 통해, 세미한 음성을 통해, 천사들을 통해 말씀하신다.

하나님은 지금도 다양한 방식으로 우리에게 말씀하신다. 하나님은 예를 들면 다른 사람들의 말을 통해 내게 매우 자주 말씀하신다. 하나님은 내가 조용히 듣는 자세를 취할 때 내게 말씀하신다. 하나님은 다른 사람들의 본보기를 통해 내게 말씀하신다.

하나님은 또한 설교를 통해, 대화를 통해, 문학을 통해, 영화를 통해, 노래를 통해 우리에게 말씀하신다. 우리가 단 하나의 소통 방식만 의존하지 않도록 하나님은 이처럼 다양한 소통 방식을 모두 사용하신다. 내가 설교자로서 경험하는 아주 놀라운 일이 있다. 설교가 끝난 후, 사람들은 이따금 내게 이렇게 말한다. "목사님, 감사해요. 하나님이 정말로 목사님 설교를 통해 제게 말씀하셨어요." 가끔 하나님이 그들에게 무엇을 말씀하셨는지 묻는다. 그런데 대개 그들이 하나님에게서 들은 말씀은 내가 말하지 않았던 내용이다. 나중에 설교 원고를 읽어 보고 녹음된 설교를 들어 보기도 하기 때문에, 이 사실은 분명히 안다. 나는 이것을 "행간에서 말씀하시는 하나님"이라 부른다.

성경은 이 시대를 사는 우리에게 하나님이 가장 즐겨 사용하시는 소통의 방법이다. 성경은 읽고 공부해야 할 책이지, 하나님이 개개인에게 직접 말씀하시는 책은 아니라고 배우며 자란 사람들에게는 이런 내용이 도전일 수 있다. 나는 성경을 교리를 뒷받침하는 텍스트로만 보는 교회에서 자란 학생들을 많이 보았다. 이들은, 특히 '그리스도인의 영성 형성에서 성경의 역할'이란 과목을 듣는 내 학생들은, 성경을 살아 있고 숨 쉬는 말씀으로 보기 어려워한다. 단언컨대, 성경은 교리의 토대가 되는 신뢰할 만한 텍스트지만, 지금도 이것을 사용해 우리를 감동시키시는 성령의 감동으로 된 책이다.

동기의 중요성

●

많은 사람이 힘에 필요한 지식을 얻는 수단으로서 하나님의 뜻이나 미래를 알고 싶어 한다. 올바른 동기는 그리스도를 더 닮으려는 것뿐이다. 경험상 내가 이런 자세를 취할 때 하나님은 훨씬 더 많이 소통하신다. 내가 다음과 같이 말하며 하루를 시작할 때, 하나님은 나와 더 크고 강하게 소통하신다. "주 예수님, 당신을 더 닮고 싶습니다. 당신의 도움을 원합니다. 당신의 도움이 필요합니다. 당신을 더 알고 당신을 더 닮길 원합니다."

왜 이것이 중요한가? 때로 힘을 가지려는 수단으로, 하나님의 음성이나 말씀이나 인도를 구한다는 점을 고백한다. 이것은 내가 "주님, 제가 내기에서 이길 수 있도록 양키스가 내일 이길지 알려 주십시오"라고 기도하는 것과 다르다. 더 세밀하다. "주님, 제가 이런저런 일을 어떤 방법으로 해야 하는지 알려 주십시오." 예수님을 더 닮기 위해서가 아니라 자신의 효율성을 높이거나 실적을 높이기 위해서다. 하나님의 음성 듣기는 동기가 중요하다. 기도는 주문呪文을 듣기 위한 게 아니라 변화로 이어질 하나님과의 관계를 세우기 위한 것이기 때문이다. 우리는 하나님을 속일 수 없다. 하나님은 언제나 우리의 동기를 아시며, 따라서 정직이 최선이다.

우리가 바른 동기로 성경에 접근할 때 예수님이 좋아하신다. 수도원에 갔던 1장의 이야기에서 나눴듯이, 나는 잘못된 동기로 그곳에 갔다. 내가 성경을 제어했다. 성경이 나를 해석한 게 아니라 내가 성경을 해석했다. 마침내 무너지고 내어드렸을 때에야 올바른 동기로 성경을 대하게 되었다. 그때서야 성령께서 수태고지의 이야기를 통해 내게 말씀하실 수 있었고, 이로써 내 삶이 영원히 바뀌었다. 필요한 것은 조깅복 차림의 끈질긴 수사와 경치가 별로인 방과 성령의 구애뿐이었다.

● "하나님의 음성 듣기는 동기가 중요하다."
이런 생각이 당신 속에 얼마나 차 있는가?

꼭 필요한 침묵

●

하나님은 우리가 매 순간 무엇을 하고 어떤 결정을 내려야 하는지 말씀해 주지는 않으신다. 부모가 자녀를 지켜보면서 매 순간 무엇을 하라고 지시한다면, 자녀는 절대 자라거나 성숙하지 못한다. 발전을 방해할 뿐 아니라 피해망상으로 이어진다. 우리는 과연 스스로 올바른 결정을 내릴 수 있을지 의심하기 시작한다. "하나님, 매 순간 당신의 완전한 뜻을 제게 꼭 말씀해 주세요." 하나님은 이 기도에 침묵으로 답하실 것이다.

나는 성경 룰렛 게임을 자주 해 왔다. 비밀스러운 대답을 얻길 바라며 성경을 아무 데나 펼쳐서 아무 데나 짚는다. 생각해 보라. 이런 행위는 룰렛보다 점괘판에 가깝다. 기도보다 미신에 가깝다. 대화보다 마술에 가깝다. 하나님은 관계를 원하신다. 우리는 하나님이 주신 지성을 사용할 필요가 없도록 그저 답 한마디만을 원하기 일쑤다.

한때 매우 현실적이고 매우 어두운 상황에 놓였던 친구가 있다. 그녀는 그때가 자기 죄의 열매를 거둔 때였다고 말한다. 하나님이 멀게만 느껴졌다. 한 친구가 그녀에게 성경을 건넸다. 어느 날 밤, 혼자 벼랑 끝에서 성경을 움켜쥐고 아무 데나 펴서 손가락으로 짚었다. 마태복음 6장 26절이었다. "공중의 새를 보아라. 씨를 뿌리지도 않고, 거두지도 않고, 곳간에 모아들이지도 않으나, 너희의 하늘 아버지께서 그것들을 먹이신다. 너희는 새보다 귀하지 아니하냐?" 그녀는 10분간 울었다. 슬퍼서가 아니라 기뻐서 울었다. 최악의 상황에서도, 설령 그녀가 "정신을 차릴" 수조차 없을 때라도, 하나님은 그녀에게 말씀하고 계셨다. "내가 너와 함께한단다." 그날 밤 이후, 그녀의 삶은 바뀌기 시작했다. 18년 전이었다. 오늘도 그녀는 외투에 조그마한 새 장식을 달고 다닌다. 그날 밤 하나님이 자신에게 하셨던 말씀을 되새기기 위해서다. 나는 이것이 하나님이 선호하시는 방법은 아닐 거라고 생각한다. 그러나 우리가 가진 것이 성경 룰렛뿐이라면, 하나님은 이 방법을 사용하실 것이다.

하나님은 우리 삶의 모든 영역, 모든 순간을 향해 말씀하기를 바라신다고 배운 사람들에게는 이런 것은 변형된 방법처럼 보일 수 있다. 어떤 사람들은 이런 생각도 한다. 하나님은 내가 무슨 셔츠를 입고, 어떤 라디오 방송을 들으며, 만나는 사람들에게 무슨 말을 해야 하는지 내게 말씀해 주고 싶어 하신다고. 예를 들면, 좋은 주차 자리를 위해 기도하는 친구가 있다. 나는 그 친구처럼 해야겠다고 느낀 적이 없다. 무엇보다도 내게 운동이 필요해서지만, 하나님이 어떤 일은 나 스스로 하길 원하신다고 믿게 되었기 때문이다. 그렇게 할 수 없는 많은 부분에서 하나님은 내 힘으로는 할 수 없는 것을 내게 공급하길 기뻐하신다.

말씀 테스트하기

●

성경은 **하나님이 사람들에게 말씀하신다**는 얘기로 넘쳐난다. 어떤 사람들은 성경이 완결된 후 하나님이 더는 이렇게 하지 않으신다고 생각한다. 어떤 사람들은 과연 하나님이 자신에게 말씀하시게 할 **자격**이 있는지 고민한다. 또 어떤 사람들은 자신들이 실제 경험이 전혀 없고 어디서 시작해야 하는지도 전혀 모르는 초짜라고 느낄 것이다. 이 가운데 어느 하나라도 해당된다면, 당신이 밟아야 하는 첫 단계는 하나님이 당신에게 말씀하시리라고(아브라함, 모세, 사무엘, 다윗에게만큼 분명하게는 아니더라도) 믿을 수 있도록 믿음을 구하는 것이다. 조그맣게 시작하라. 성경 구절이나 설교나 팟캐스트를 통해 당신에게 말씀해 주시길 구하라. 용기가 있다면, 당신의 머릿속에서 부드러운 음성을 통해 말씀해 주시길 구하라. 영성 형성에서 가장 중요한 원칙은 '당신이 할 수 없는 것이 아니라 할 수 있는 것을 하라'이다.

하나님이 어떤 방식으로 당신에게 말씀하셨다고 느껴지면, 그 말씀을 **테스트하는 게** 좋다. 특히, 그 말씀이 인생의 중요한 결정처럼 중요한 일과 관련이 있다면 말이다. 마귀가 우리의 듣기에 개입할 가능성이 있음을 알아야 한다. 나는 하나님과 소통하기 전에 먼저 보호를 구하는 기도를 자주 한다. 하나님에게서 온 말씀인지 아닌지를 알아보는 확실한 방법은 그 말씀이 무엇을 하라고 요구하는지 보는 것이다. 그 말씀이 사랑하고 용서하며 축복하고 섬기라고 요구한다면, 마귀에게서 온 게 아니다. 이러한 말씀을 테스트할 수 있는 일반적인 세 방식이 있다. 성경, 환경, 다른 사람들이다.

하나님에게서 온 말씀이라면 성경의 가르침과 일치해야 한다. 성경의 주요 교리와 일치해야 한다는 뜻이다. 확신컨대, 성경은 우리가 어떤 직업을 택해야 하는지에 대해 해답을 제시하지 않지만, 절대 범해서는 안 되는 기본 원칙을 담고 있다. 성경의 주요 교리란 하나님을 사랑하고 이웃을 자신처럼 사랑하라 같은 것이다. 정직, 진실, 겸손, 하나님 경외, 이웃을 위한 자기희생 같은 것은 일반적 가르침이다. 간음이 하나님의 뜻이라는 말씀을 들었다면, 잘못 들은 게 틀림없다.

● 환경이 확증의 표시일 때가 많다.

환경이 확증의 표시일 때가 많다. 기도하고 듣다가 어떤 말씀을 느낄 때, 상황이 그 말씀을 확증하거나 부정하는 경우가 많다. 이 상황을 믿을 만한 친구에게 내놓고 조언을 구할 수 있다. 예를 들면, 나는 어퍼렌티스 인스티튜트^{Apprentice Institute*} 자문위원을 한 명 추가해야 할지를 두고 하나님의 인도를 구했다. 그러면서 달라스 윌라드의 딸 리베카 윌라드 히틀리^{Rebecca}

---

* 저자가 운영하는 영성 형성 훈련 기관.

위대한
여 정

Willard Heatley가 적격자라고 느꼈다. 같은 날, 리베카에게서 이메일이 왔다. 나는 곧바로 이 환경이 확증을 의미한다고 느꼈다. 그러나 확신할 수 없었고 매우 중요한 결정이었기에 잰 존슨에게 전화를 걸어 그녀의 생각을 물었다. 잰은 이렇게 말했다. "목사님, 신기해요. 저도 같은 생각을 하고 있었지만, 목사님이 자문위원을 추가하려 하신다는 것은 몰랐어요. 좋아요. 정말 좋습니다. 아주 좋은 생각입니다." 하나님이 우리에게 주시는 인도를 확인하고 재확인할 방법을 주신 것에 감사한다.

음성 인식하기

●

사람들이 매우 자주 묻는 질문이 있다. "하나님의 음성은 어떤 소리가 나는가요?" 나는 이렇게 답한다. "제 음성과 무척 닮았어요." 내게 하나님은 영어로 말씀하신다. 하나님은 내가 조용히 혼잣말을 할 때와 비슷한 패턴과 어조와 문체로 말씀하신다. 하나님은 우리의 생각 속에서, 또는 좀 더 구체적으로, **우리의** 생각을 통해 말씀하신다. 이것은 하나님 음성의 신빙성을 떨어뜨린다고 보일 수도 있다("목사님, 목사님은 자신에게 말하면서 마치 하나님이 말씀하시는 척하는 거예요"). 그러나 그분의 생각이 내 생각이 되게 하시는 하나님은 얼마나 자애로우신가! 나는 하나님이 그 차이를 보여 주시리라 기대하며, 하나님은 실제로 내 기대에 부응하신다. 이것은 어떻게 듣고 분별하는지 배우는 문제다.

하나님께
귀 기울이기

음성 인식에는 많은 요소가 있다. 사람의 음성을 들을 때처럼 우리는 어떤 음성의 특성, 억양, 말의 문체로 그 음성을 알게된다. 내 친구 제인은 독특하고 사랑스러우며 부드러운 노스캐롤라이나 억양으로 말한다. 제인의 말을 많이 들었기 때문에 눈을 감고도 그녀의 음성을 구분할 수 있다. 수화기 건너편에서 "목사님, 안녕하세요"라는 소리만 들려도 제인이라는 걸 금세안다.

내 생각 속에서 들리는 하나님의 음성은 구체적인 특징과 어조가 있다. 이것을 묘사하기 위해 사용할 수 있는 단어는 **부드러운 권위**가 전부다. 스탠리 존스(1884-1973)는 이렇게 썼다. "내면에서 들리는 하나님의 음성은 논쟁하지 않고 설득하려 들지도 않습니다. 그 음성은 그저 말할 뿐이며, 스스로 권위를 갖습니다. 그 속에 하나님의 음성이라는 느낌이 있습니다."[3] 하나님이 내게 주시는 말씀은 언제나 평화로웠다. 늘 위로를 주지는 않았으나―하나님은 내게 위로만큼이나 도전도 많이 주셨다―절대 분노의 말씀은 아니었다.

어느 날 교수회의 중에, 맥북을 열어 전원 버튼을 눌렀다. 마침 다들 잠시 침묵하고 있었다. 그래서 맥북이 부팅될 때 나는 친숙한 소리를 주변 사람들이 들었고, 나는 순간 당황했다. 내 앞에 음악 교수 신디 블라스델이 앉아 있었다. 신디 교수는 나를 향해 고개를 돌리더니 이런 메모지를 들어 올렸다. "F장조 기본 3화음." 나는 무슨 뜻인지 전혀 몰랐다. 나중에야 깨달았다. 신디 교수의 섬세한 귀는 그 소리를 듣고 그 음악적 구성을 알았다. 나중에 신디 교수에게 어떻게 듣기만 해도 이렇게 알 수 있느냐고 물었다(신디 교수는 물론이고 그녀의 남편이나 동료들도 맥북을 갖고 있지 않았다).

신디 교수는 이렇게 말했다. "어떤 사람들은 태어날 때부터 소리를 알지요. 또 어떤 사람들은 열심히 노력해서 소리를 구분할 수 있게 되고요. 저는 소리 분석 훈련^{Oral Skills}이란 과목을 가르치는데, 음악 전공자는 4학기에 걸쳐 이 과목을 들어야 해요. 학생들은 소리를 분석하는 법을 배우지요. 제가 어떤 악보를 치거나 소리를 내면, 학생들은 그대로 연주하거나 노래하거나 악보로 기록해서 내가 무엇을 연주했는지 알려줘야 하는 거죠."

신디 교수는 얘기를 계속했다. "F장조 기본 3화음은 매우 안정되고 매우 긍정적인 소리예요. 완전하기도 하고요. 모든 것을 아우르는 소리죠."

"애플은 이 소리를 선택했을 때 자신들이 무엇을 하고 있는지 알았겠네요." 이렇게 말하고 나는 얘기를 계속했다. "알고 보니, 흥미로운데요. 교수님의 학생들이 거치는 과정이 하나님의 음성을 분별하려는 사람들이 겪는 과정과 비슷해요."

"예, 똑같아요." 신디 교수가 말했다. "두 경우 모두 배우려는 선택을 해야 하죠."

하나님께
귀 기울이기

세미한 소리

●

'세미한 소리' 또는 내면의 음성은 하나님이 선호하시는 아주 귀중한 소통 형식이라고 믿는다. 이것이 하나님의 성품에 가장 잘 부합하기 때문이다. 하나님은 우리의 자유와 성장을 침해하지 않으면서 우리와 교류하길 원하신다. 불타는 떨기나무라면 의심의 여지가 있을 수 없다. 세미한 소리는 부드럽고 강압적이지 않다. 세미한 소리는 우리를 자유로운 대화로 이끈다.

얼마 전, 하나님이 하루 세 번 말씀하셨다. 첫째는 내가 주관하는 어느 사역을 위해 사람을 뽑는 일과 관련이 있었다. 둘째는 어느 행사의 주제를 결정하는 문제였다. 셋째는 기금 모금과 관련이 있었다. 하나님이 세 경우에 내게 주신 말씀이 서로 관련이 있었다. 다른 여러 사건 및 요소가 내가 들은 말씀을 확증했다는 뜻이다. 간단히 말해, 앞뒤가 맞았다. 그러나 누군가는 나의 경험에 이러쿵저러쿵할 수도 있다.

어떤 사람은 이렇게 말할 것이다. "목사님, 목사님은 글 쓰는 분이잖아요. 생각하는 사람이고 창의적인 사람이죠. 방금 말씀하신 해결책들은 목사님 스스로 생각해 내신 거라고요." 나는 이렇게 답할 것이다. "나는 그렇게 똑똑하거나 창의적이지 못해요. 각각의 경우, 주어진 말씀은 이를테면 '느닷없이' 왔어요. 이런 해법을 꿈에도 생각하지 못했다니까요." 또 누군가는 나의 주장에 이렇게 답할지 모른다. "와, 목사님, 성인이세요!" 이런 반응에는 이렇게 답하겠다. "아니에요. 나는 성인이 아니에요. 내 아내에게 물어보세요. 그저 하인의 일을 하고 있을 뿐이에요. 30년 넘게 예수님과 동행하고 대화를 나누었어요. 어느 해에는 성경을 두 번 완독했고, 어느 여름에는 시편 전체를 묵상하기도 했죠. 1년 내내 웨슬리의 설교를 깊이 연구했고요. 홀로 시간을 보내면서 기도했고 처음부터 일기를 썼어요. 나는 성인이 아니에요. 그저 나를 보여 주고 있던 것뿐이죠."

조건 조성하기

●

하나님의 음성을 듣기 위한 첫째 조건은 나타나는 것이다. 하나님이 우리에게 말씀하시도록 강요할 수 없다. 그러나 조건을 조성할 수는 있다. 다음은 그중 몇 가지다.

- 기꺼이 순종하라.
- 당신에게 말씀하시도록 하나님께 구하라.
- 하나님이 당신에게 말씀하실 수 있는 방법을 절대 제한하지 말라. 여기 좋은 기도가 있다. "하나님, 오늘 제게 말씀해 주십시오. 제가 듣겠습니다. 사람을 통해, 환경을 통해, 책을 통해, 또는 자연을 통해 말씀하십시오. 불타는 떨기나무를 사용하길 원하신다면, 저는 준비되어 있습니다. 세미한 소리로 말씀하길 원하신다면, 저는 준비되어 있습니다. 오늘

저는 귀를 활짝 열어 두겠습니다."

• 침묵을 통해 공간을 만들라.

> ● 하나님이 우리에게 말씀하시도록 강요할 수 없다. 그러나 조건을 조성할 수는 있다.

윌리엄 펜(1644-1718)은 이렇게 말했다. "침묵할수록 성경의 언어에 더 적합하다."[4] 달라스 윌라드는 이렇게 말했다. "일반적으로, **지속적으로 듣는 고요한 내적 공간**을 조성하는 게 구체적 지시를 받으려고 늘 하나님께 나아가는 것보다 훨씬 중요하다."[5]

무엇이 중요한가

●

이 장을 읽은 후, 감동을 받아 "하나님을 향해 귀를 활짝 열게" 될 수도 있다. 또는 여전히 회의적일 수도 있다. 그러나 이 점을 생각해 보라. 하나님의 음성을 전혀 들으려 하지 않으면 어떻게 되는가? 다음과 같은 것들을 잃을 것이다.

• 하나님 나라 어디나 접근할 수 있는 통행권
• 필요한 것들에 대한 인도와 방향
• 어려운 결정들을 내리는 데 필요한 분별력

위대한
여 정

- 주어진 말씀에 순종한 결과로 얻는 성품
- 믿음, 소망, 사랑

고린도전서 13장에서 바울은 예언과 방언과 지식의 말이 사라질 날을 말한다(8절). 그러나 결코 없어지지 않을 세 가지가 있다. 믿음과 소망과 사랑이다(13절). 믿음과 소망과 사랑이 5-7장에서 살펴볼 주제다.

영혼의 훈련: 주님, 말씀하소서

사실, 우리는 고독과 침묵과 사적인 삶에 주렸다. 그 말은 명상과 참된 우정에 주린 세상에 살고 있다는 것이다.
— C. S. 루이스(1898-1963)

훈련은 아주 단순하다. 복음서 한 단락을 천천히 읽으면서 그 장면을 머릿속으로 그려 보라. 주어진 단락을 읽으면서, 상상력을 발휘해 일어나고 있는 일을 보라. 인물, 장소, 광경, 냄새, 소리를 상상해 보라. 이야기 속 구경꾼이 되어 보라. 모든 초점을 예수님께 맞춰라. 그분이 하시는 말씀과 행동에 주목하라. 모든 말씀과 행동에서 그분의 성품이 물결치게 하라. 이 훈련을 하면서 깊이 와 닿는 게 있다면 일기장에 꼭 기록하라.

그리스도 묵상하기

●

예수께서 다시 말씀하셨다. "내가 진정으로 진정으로 너희에게 말한다. 나는 양이 드나드는 문이다. [나보다] 먼저 온 사람은 다 도둑이고 강도이다. 그래서 양들이 그들의 말을 듣지 않았다. 나는 그 문이다. 누구든지 나를 통하여 들어오면, 구원을

위대한
여 정

114

얻고, 드나들면서 꼴을 얻을 것이다. 도둑은 다만 훔치고 죽이고 파괴하려고 오는 것뿐이다. 나는, 양들이 생명을 얻고 또 더 넘치게 얻게 하려고 왔다. 나는 선한 목자이다. 선한 목자는 양들을 위하여 자기 목숨을 버린다. 삯꾼은 목자가 아니요, 양들도 자기의 것이 아니므로, 이리가 오는 것을 보면, 양들을 버리고 달아난다. 그러면 이리가 양들을 물어 가고, 양 떼를 흩어 버린다. 그는 삯꾼이어서, 양들을 생각하지 않기 때문이다. 나는 선한 목자이다. 나는 내 양들을 알고, 내 양들은 나를 안다. 그것은 마치, 아버지께서 나를 아시고, 내가 아버지를 아는 것과 같다. 나는 양들을 위하여 내 목숨을 버린다. 나에게는 이 우리에 속하지 않은 다른 양들이 있다. 나는 그 양들도 이끌어 와야 한다. 그들도 내 목소리를 들을 것이며, 한 목자 아래에서 한 무리 양 떼가 될 것이다. 아버지께서 나를 사랑하신다. 그것은 내가 목숨을 다시 얻으려고 내 목숨을 기꺼이 버리기 때문이다. 아무도 내게서 내 목숨을 빼앗아 가지 못한다. 나는 스스로 원해서 내 목숨을 버린다. 나는 목숨을 버릴 권세도 있고, 다시 얻을 권세도 있다. 이것은 내가 아버지께로부터 받은 명령이다"(요 10:7-18).

듣기 훈련

●

이번 주는 사무엘의 기도를 당신의 기도로 삼아라. 사무엘은

하나님께
귀 기울이기

"주님, 말씀하십시오. 주님의 종이 듣고 있습니다"(삼상 3:9)라고
했다. 잠시 침묵하며 호흡을 가다듬고 이 기도를 드려라. 가만
히 귀 기울여라. 일기장을 곁에 두고 무슨 말씀이라도 주신다면
기록하라.

위대한
여 정

제2부

하나님 나라의
덕목 기르기

제5장

편안하게 믿음에 잠기다

큰 믿음은, 흔히 큰 힘처럼, 수월하게 작동하는 게 특징이다. … 우리가 믿음의 몸부림이라 생각하는 것은 대부분 우리에게 있지도 않은 믿음이 있는 것처럼 행동하려는 몸부림이다.

—**달라스 윌라드**

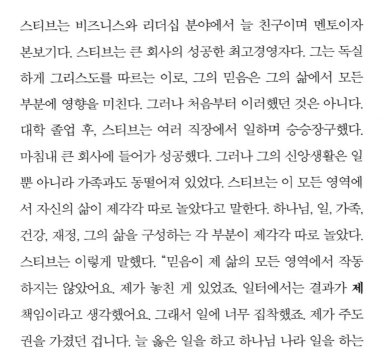

스티브는 비즈니스와 리더십 분야에서 늘 친구이며 멘토이자 본보기다. 스티브는 큰 회사의 성공한 최고경영자다. 그는 독실하게 그리스도를 따르는 이로, 그의 믿음은 그의 삶에서 모든 부분에 영향을 미친다. 그러나 처음부터 이러했던 것은 아니다. 대학 졸업 후, 스티브는 여러 직장에서 일하며 승승장구했다. 마침내 큰 회사에 들어가 성공했다. 그러나 그의 신앙생활은 일 뿐 아니라 가족과도 동떨어져 있었다. 스티브는 이 모든 영역에서 자신의 삶이 제각각 따로 놀았다고 말한다. 하나님, 일, 가족, 건강, 재정, 그의 삶을 구성하는 각 부분이 제각각 따로 놀았다. 스티브는 이렇게 말했다. "믿음이 제 삶의 모든 영역에서 작동하지는 않았어요. 제가 놓친 게 있었죠. 일터에서는 결과가 **제** 책임이라고 생각했어요. 그래서 일에 너무 집착했죠. 제가 주도권을 가졌던 겁니다. 늘 옳은 일을 하고 하나님 나라 일을 하는

위대한
여 정

데도 결과가 부정적일 때는 정말 견디기 힘들어요. 그 결과, 그 일은 '내 나라'였어요."

그런데 어떤 일이 일어났고 중요한 변화로 이어졌다. 스티브와 직급이 같은 동료가 윗사람을 몰아내려는 반란을 꾸몄다. 그는 스티브를 비롯한 두 동료가 동조해 주길 바랐다. 인격적인 사람들이었던 스티브를 비롯한 두 동료는 그의 제안을 거절했다. 이 동료는 반란을 일으켜 권력을 장악한 후, 스티브를 해고했다. 스티브는 졸지에 직장을 잃었다. 그래도 그동안 저축을 잘 해 두었기에 한 해 정도 버틸 수 있다는 것을 알았다. 뒤이어 일어난 일은 그의 이력을 바꿔 놓았을 뿐 아니라 그의 영혼을 구원했다. 그리고 나중에 그를 위해 일할 많은 사람에게 큰 도움이 되었다.

스티브는 이렇게 말했다. "제 일을 **제 것**으로 보았어요. 일은 **제가** 하는 것이었지요. 하나님은 제 일과는 전혀 무관했어요. 그러나 해고된 후, 제 삶을 되돌아보았어요. 하나님이 제게 겸손하게 내어 맡기라고, 상자들을 찢으면서 그분을 제 삶의 모든 부분에, 특히 제 일에 모셔 드리라고 요구하신다는 것을 느꼈어요. 그래서 길고도 고통스러운 일곱 달을 보내며 이렇게 바꾸려고 노력했습니다. 마침내 해냈어요. 이런 변화가 일어났던 순간을 정확히 기억합니다. 고속도로를 운전해 K-96 교차로와 록로드를 지나는데, 갑자기 모든 게 선명하게 보였어요. 그 순간부터, 저는 하나님과 연결되었어요. 하나님께 주도권을 넘겨 드렸어요. 이제 먼저 하나님 나라를 구하고 있지요."

예수님이 먼저 하나님 나라를 구하는 자들에게 약속하셨듯이, "이 모든 것을 너희에게 더하여 주시리라"(마 6:33). 여기서 분명히 하고 싶다. 스티브는 비즈니스 성공의 비결을 구하지 않았다. 이것은 번영의 복음이 아니다. 스티브는 성경이 최고의 비즈니스 교과서라고 믿기 시작했으나 돈을 많이 벌기 위해서가 아니었다. 이것은 자신이 예수님의 삶과 가르침에서 목격한 원칙을 살아 내는 문제였다. 그는 예수님의 방식으로 비즈니스를 했다. 진실을 말하고, 이웃을 사랑하며, 정직하게 거래하고, 정의를 행하며, 하나님 앞에서 겸손하게 살았다. "비즈니스는 비즈니스다"라는 옛 모토가 거짓말로 드러났다.

기도와 묵상을 통해, 스티브는 적자였던 사업을 흑자로 전환하는 방법을 찾아낼 수 있었다. 그는 직원 셋을 채용하고 자신이 세운 계획을 실행에 옮겼다. 곧 투자자들이 생겼고, 짧은 기간에 직원이 10명, 50명, 100명으로 늘었다. 스티브는 일하는 환경에 대한 비전이 있었다. 모두 평등하고, 사무실이 없으며, 넓은 공간을 공유하는 형태였다. 스티브는 최고경영자였는데도 여느 직원과 똑같은 책상과 컴퓨터를 고집했다. 스티브는 이제 자신의 분야를 이끄는 최고경영자로 인정받는다. 필요한 것은 믿음의 행위가 전부였다.

내어드림의 덕목들

●

믿음, 소망, 사랑은 **신학적 덕목**theological virtues이라 불린다.[1] 이것들은 하나님의 행동에 기초하기 때문이다. 그리스 철학의 고전적 덕목인 용기와 지혜와 절제와 정의는 사람이 자기 힘으로 기를 수 있다. 그러나 믿음, 소망, 사랑은 전적으로 하나님의 행동에 기초한다(은혜). 믿음, 소망, 사랑은 그리스도인의 삶의 각기 다른 부분이며, 예수님의 좋은 소식에서 비롯된다. (우리는 그분의 나라에서 왕과 소통하며 살 수 있다 … 지금!) 믿음, 소망, 사랑은 모든 그리스도인의 삶과 실제로 교회 생활에서 기초를 형성한다. 이 큰 선언은 앞으로 세 장에 걸쳐 살펴볼 내용의 뼈대를 이룬다.

> ● 믿음, 소망, 사랑은 신학적 덕목들이라 불린다. 이것들은 하나님의 행동에 기초하기 때문이다.

믿음이란 무엇인가? 믿음이란 자신이 아는—그러나 실제로 알지 못하는—것을 토대로 자신이 알지 못하는 것에 대해 하는 행동이다. 혼란스럽게 들릴 수 있다. 나의 일정을 예로 들어 설명해 보겠다. 지난 50여 년, 나는 아침마다 해 뜨는 것을 보았다. 18,000번 넘게 보았다는 뜻이다. 나는 많은 날을 안다. 그러므로 뮤지컬 〈애니Little Orphan Annie〉의 어린 고아 소녀 애니처럼

편안하게
믿음에
잠기다

"내일도 해가 뜬다"고 믿는다. 나는 내일 해가 뜰지 **알지** 못한다. 내일이 올지 **알지** 못한다. 그보다 나는 내일이 올 거라고 **믿는다**. 그래서 내일 친구와 함께할 점심 일정을 짠다.

> ● 믿음이란 자신이 아는―그러나 실제로 알지 못하는―것을 토대로 자신이 알지 못하는 것에 대해 하는 행동이다. 이러한 믿음의 정의가 이해되는가? 이해된다면, 또는 이해되지 않는다면, 그 이유는 무엇인가?

기본적이라고 보일 테지만, 이것이 모든 믿음의 기초다. 믿음은 실제로 지식과 함께 커진다. 우리는 처음 만난 사람이나 처음 본 것을 믿지 않는다. 우리 딸 호프가 처음 데이트를 나갔던 때가 기억난다. "우리가 아는 친군가?" 내가 아내에게 물었다. 아내는 아니라고 했다. "그 친구를 조금씩 더 알아 가야 할 것 같네. 그렇게 생각하지 않소?" 아내가 동의했다. 우리는 그 청년과 얘기를 좀 나눠 보고 싶으니 집에 데려오라고 했다. 호프는 우리의 제안을 좋아하지 않았다. 나는 청년에게 꼬치꼬치 캐묻지 않았다. 그냥 그의 삶, 부모, 학교생활, 믿음에 대해 물었을 뿐이다. 좋은 사람 같아 보였다. 우리가 아는 사람 중에는 그 친구를 아는 사람들도 있는데, 그들도 그를 좋게 말했다. 그런데도 두 사람이 데이트하는 내내, 나는 시계를 보고 있었다. 호프가 집에 안전하게 돌아왔을 때에야 비로소 안도의 한숨을 쉬었다.

　이것은 믿음의 좋은 예다. 나는 몇몇 요소를 신뢰하고 있었다. 호프는 그 청년을 여름 수련회에서 만났다. (수련회에 참석했다면 그리 나쁜 녀석일 수 없다!) 그는 공손했고 평판이 좋았다. 내가 알고 신뢰하는(또 같은 단어다) 사람들이 그의 성품을 보장했다. 사랑하는 딸이 좋은 사람을 만났다고 믿을 이유가 있었다. 나는 믿음이 있었다. 좋아서 어쩔 줄 모르는 그런 믿음은 아니었으나, 딸이 남자 친구의 차를 타고 나가 저녁을 먹고 영화를 보도록 허락하기에는 충분한 믿음이었다.

　스티브가 보여 준 믿음도 바로 이런 것이다. 스티브는 하나님을 알았다. 그는 교회에서 자랐으며, 성경도 잘 알고 있었다. 그러나 그는 하나님과 교회와 성경을 자신의 일과 연결하지 않았다. 그런데 스티브는 깊고 어두운 절망에 빠져 있을 때, 성령의 자극에 반응했다. 그의 믿음은 맹목적이지 않았다. 그는 자신의 머리와 가슴을 하나로 잇는 7개월간의 여정에 돌입했다. 그는 하나님과 함께, 하나님의 방식으로 비즈니스를 하기로 결정했으며, 이것을 자신의 최우선 목표로 삼았다. 그는 자신이 아는 지식(하나님은 선하시다, 하나님은 그와 함께하길 원하신다)을 토대로, 자신이 상자 속에 가두었던 하나님이 상자에서 나오시게 했다. 이것이 믿음의 행보였다.

편안하게
믿음에
잠기다

성경적 믿음

●

믿음에 관해 아주 내가 좋아하는 성경 이야기는 이상한 이야기이기도 하다. 창세기 15장에서는 (나중에 아브라함으로 이름이 바뀌는) 아브람이 자신의 소명과 미래를 두고 하나님과 소통한다. 환상 중에 '여호와의 말씀'이 아브람에게 임했다. 하나님은 아브람에게, 자신이 그와 함께하며 그의 앞에 큰 미래가 놓여 있다고 말씀하신다. 아브람은 하나님에게 자신과 아내가 자식이 없음을 상기시킨다. 하나님은 아브람에게 눈을 들어 별을 세어 보라고 하신다. 하나님은 아브람에게 그의 후손이 별보다 많을 거라고 하신다. 뒤이어 유명한 말씀이 나온다. "아브람이 주님을 믿으니, 주님께서는 아브람의 그런 믿음을 의로 여기셨다"(창 15:6).

하나님이 아브람에게 주시는 약속은 이게 전부가 아니다. 하나님은 아브람에게, 그를 어느 땅으로 인도해 그 땅을 차지하게 하겠다고 하신다. 아브람은 자신이 그 땅을 차지할지 어떻게 알겠느냐고 묻는다. 하나님은 아브람에게 자신의 약속을 증명하기 위해 뭔가를 하라고 하신다. 암소와 암염소와 숫양과 산비둘기와 집비둘기 새끼를 찾아 제물로 드리라고 말씀하신다. 하나님이 아브람에게 구체적으로 내린 지시다. "짐승들을 둘로 갈라 각각 좌우에 놓으라." 아브람은 그대로 따른 뒤 (비둘기는 제외하고), 서서 제물을 지킨다.

위대한
여 정

뒤이어 나오는 내용은 이 이야기에서 간과하기 쉽지만 많은 가르침이 담긴 부분이다. "솔개들이 희생제물의 위에 내려왔으나, 아브람이 쫓아 버렸다"(창 15:11). 여기서 잠깐! 이 장면을 상상해 보라. 아브람은 솔개들을 쫓고 있다. 왜? 그는 기다리고 있다. 그는 **믿음으로** 기다리고 있다. 그는 하나님이 행동하시리라 믿는다. 그는 하나님이 정확히 어떻게 행동하실지 알지 못한다. 그러나 하나님은 그에게 지시를 내리셨고, 그는 순종하고 있다. 그는 **믿음으로 솔개들을 쫓고** 있다.

해가 지고 어둠이 짙게 깔릴 때, 연기 나는 화로와 타는 횃불이 쪼개 놓은 제물들 사이로 지나간다. 이야기는 이렇게 끝난다. "바로 그날, 주님께서 아브람과 언약을 세우시고 말씀하셨다. '내가 이 땅을, 이집트 강에서 큰 강 유프라테스에 이르기까지를 너의 자손에게 준다'"(창 15:18). 이스라엘 백성 이야기의 뼈대를 형성하는 강력한 이야기다. 아브람은 아브라함이 되었고 여전히 믿음의 사람이었다. 아브라함은 '믿음의 조상'이란 칭호까지 얻었다. 그러나 나는 솔개를 쫓는 장면을 좋아한다. 단순하지만 아름다운 믿음의 행위다.

아브라함은 믿음을 보여 준 "구름 떼와 같이 수많은 증인" 중 하나일 뿐이다(히 12:1). 히브리서 11장에는 그런 믿음을 행동으로 보인 많은 사람이 나온다. 믿음으로 아벨은 더 나은 제사를 드렸고, 믿음으로 에녹은 죽음을 보지 않고 옮겨졌으며, 믿음으로 노아는 다가오는 심판을 경고하고 방주를 지었고, 믿음으로 아브라함은 이삭을 제물로 바치려 했으며, 믿음으로 기생 라합은 정탐꾼을 숨겨 주었기에 해를 입지 않았고, 믿음으로 모세는 자신의 백성과 함께하기 위해 고난을 선택하고 잠시 죄악의 낙을 누리길 거부했다.

믿음으로 순교자들은 믿음을 버리느니 목숨을 버렸다. 성경과 기독교 역사 전체가 하나님을 신뢰하고 믿음으로 행동한 사람들로 넘쳐난다.

지식의 확장으로서의 믿음

●

일반적으로, 믿음은 사람과 사람, 또는 사람과 사물 간의 관계에서 쌓인 신뢰를 바탕으로 행동하는 것이다. 나는 의자에 앉아 글을 쓴다. 21년 넘게 이렇게 하고 있다(이제 새 의자가 필요할 거 같다). 내가 처음 이 의자에 앉았을 때, 이 의자는 가구점에 있었다. 나는 부드럽게 천천히 의자에 앉았다. 그런 다음, 의자를 조금씩 앞뒤로 흔들고 돌리기 시작했다. 의자에 앉아 몇 바퀴 돌면서 꼼꼼히 테스트했다. 편안하고 내게 잘 맞았다. 그래서 이 의자를 샀다. 지금껏 이 의자에 수천 번도 넘게 앉았기에 부드럽게, 천천히 앉지 않는다. 그냥 털썩 앉는다. 왜? 나는 이 의자를 신뢰한다. 나와 이 의자의 관계는 오래되었다. 이 의자는 절대 나를 실망시키지 않는다. 나는 이것을 '의자 믿음'이라 부른다.

간단히 말하면 이렇다. "믿음은 들음에서 생기고, 들음은 그리스도를 전하는 말씀에서 비롯됩니다"(롬 10:17). 믿음은 느닷없이 생기는 게 아니다. 어떤 말이 우리에게 오고, 우리는 그 말을 들으며, 그 말을 믿거나 믿지 않는다. 하나님을 믿는 믿음은 이렇게 작동한다. 예수님이 (개인적 말씀이나 성경이나 설교 등을 통해) 우리에게 말씀하시고, 우리는 그 말씀을 듣는다. 그런 후, 우리는 그 말씀이 참인지 아닌지를 결정한다. 참이란 실제와 일치하는 것이며, 우리는 이것을 의지할 수 있다. 우리는 어떤 말이 참이라고 생각하면, 그 말을 믿는다. 믿음은 하나님의 말씀을 듣고 그것을 신뢰하는 데서 온다.

◆ 믿음만 있고 상응하는 행동이 없는 게 가능한가?

사도 요한은 이렇게 선포한다. "우리는 하나님이 우리에게 베푸시는 사랑을 알았고, 또 믿었습니다"(요일 4:16). 어떤 근거로 요한은 하나님이 우리를 사랑하신다고 믿는가? 그는 이 사랑을 **알게** 되었다. 그는 예수님과 동행했다. 예수님이 병자들을 고치시는 것도 보았다. 예수님이 죽으시는 것도 보았다. 그리고 예수님이 다시 살아나신 것을 보았다. 그는 자신이 예수님에 관해 아는 모든 것 때문에 하나님은 우리를 사랑하신다는 기본 진리를 믿었다. 이런 까닭에, 요한은 예수님이 아버지께 드리는 기도를 기록한다. "나는 아버지께서 내게 주신 말씀을 그들에게 주었습니다. 그들은 그 말씀을 **받아들였으며**, 내가 아버지께로부터 온 것을 **참으로** 알았고, 또 아버지께서 나를 보내신 것을 **믿었습니다**"(요 17:8, 강조 추가). 받아들임. 참. 믿음.

요한은 자신이 예수님에 관해 **아는** 것 때문에 성경에서 가장 유명한 구절을 쓸 수 있었다("하나님께서 세상을 이처럼 사랑하셔서 외아들을 주셨으니…"). 이것은 지식에 기초한 지식이 확장된 것이 바로 믿음이기 때문이다. 지식은 믿음의 기초다. 아우구스티누스는 앞선 지식preceding knowledge이 없으면 믿음이, 신앙이 있을 수 없다고 믿었다.[2] 톰 라이트가 이것을 잘 표현했다. "믿음이란 우리가 예수 그리스도 안에서 **알게** 된 한 분이신 참 하나님에 대한 안정되고 흔들리지 않는 신뢰다."[3]

● "믿음은 알려지지 않은 것에까지 지식을 확대한다"는 말에 당신은 어떤 반응을 보이는가?

믿음이 이해를 추구한다는 사실은 분명하다. 그러나 모든 것을 알아야 믿음으로 행동할 수 있는 것은 아니다. 훌륭한 신학자 스티비 원더(Stevie Wonder, 시각장애인 가수)조차 이 진리를 알았다. "이해하지 못하는 것들을 믿을 때면 고통스럽다."[4] 하나님은 성령을 통해 우리에게 다가와 예수님에 관해 가르치신다. 우리는 이 은혜와 지식에서 자랄수록 더욱 믿음으로 행동할 수 있다. 믿음은 절대 근거가 없지 않다. 어떤 것과 소통하는 경험

위대한
여 정

을 할 때 그것을 알게 된다. 우리는 어느 정도 지식을 가질 때까지 행동할 수 없다. 그러나 일단 알면, 행동할 수 있다. 물론 결과를 안다는 의미가 **아니다**. 이때 지식은 믿음이 된다. 믿음은 지식을 알려지지 않은 영역으로까지 확대한다.

다윗의 믿음: 경험에 근거한 믿음

●

다윗과 골리앗의 싸움은 성경에서 아주 유명하고 크게 사랑받는 이야기다. 대부분은 이 이야기를 듣고 기적 같은 장면을 떠올린다. 소년이 거인을 쓰러뜨리는 장면이다. 용기 있고 믿음으로 나아가면 하나님이 기적을 행하신다는 게 이 이야기의 핵심이라 늘 생각했다. 그러나 이것이 기적이 아니라 다윗의 믿음에 관한 이야기임을 깨닫는 사람은 많지 않다. 다윗의 믿음은 경험에 근거했다. 그의 이야기를 읽으면, 이것이 분명해진다.

다윗이 사울에게 말하였다. "누구든지 저 자 때문에 사기를 잃어서는 안 됩니다. 임금님의 종인 제가 나가서, 저 블레셋 사람과 싸우겠습니다." 그러나 사울은 다윗을 말렸다. "그만두어라. 네가 어떻게 저 자와 싸운단 말이냐? 저 자는 평생 군대에서 뼈가 굵은 자이지만, 너는 아직 어린 소년이 아니냐?" 그러나 다윗은 굽히지 않고 사울에게 말하였다. "임금님의 종인 저는 아버지의 양 떼를 지켜 왔습니다. 사자나 곰이 양 떼에 달려들어 한 마리라도 물어 가면, 저는 곧바로 뒤쫓아 가서 그 놈을 쳐 죽이고, 그 입에서 양을 꺼내어 살려 내곤 하였습니다. 그 짐승이 저에게 덤벼들면, 그 턱수염을 붙잡고 때려죽였습니다. **제가 이렇게 사자도 죽이고 곰도 죽였으니**, 저 할례받지 않은 블레셋 사람도 그 꼴로 만들어 놓겠습니다. 살아 계시는 하나님의 군대를 모욕한 자를 어찌 그대로 두겠습니까?" 다윗은 말을 계속하였다. "사자의 발톱이나 곰의 발톱에서 저를 살려 주신 주님께서, 저 블레셋 사람의 손에서도 틀림없이 저를 살려 주실 것입니다." 그제서야 사울이 다윗에게 허락하였다. "그렇다면, 나가도 좋다. 주님께서 너와 함께 계시길 바란다"(삼상 17:32-37, 강조 추가).

다윗은 하나님이 자신과 함께하심을 수없이 경험했다. 수년간 양을 치면서 곰과 사자를 여럿 죽였다. 다윗은 그때마다 여호와께서 자신과 함께하셨다고 말한다.

골리앗과 싸우려는 다윗의 의지, 곧 그의 **믿음**은 **증거 없는 신념**이 아니었다. 다윗은 자신의 이야기로 사울에게 확신을 주었고, 사울은 "나가도 좋다. 주님께서 너와 함께 계시길 바란다"라고 말했다. 두 단어가 핵심이다. "너와 함께." 우리와 **함께** 행동하시는 하나님. 이것이 믿음의 본질이다. 우리는 알수록 더 순종하며, 우리가 순종할수록 하나님이 더 행동하신다. 이것은 자판기식 거래가 아니다. 관계다. 하나님이 행동하실수록 우리의 지식과 믿음이 커진다. "믿음의 기초는 하나님의 자기 계시다. 믿음은 지식에 종속된다. 그러나 지식은 믿음의 본질에 속한다."[5]

오래전, 나는 빌리 그레이엄(1918-2018)이 기도 일기를 쓰라며 청중을 독려하는 것을 들었다. 나는 그의 독려를 받아들였고, 그렇게 했던 게 기쁘다. 그는 기도를 기록하고 하나님이 그 기도에 응답하셨는지, 또는 어떻게 응답하셨는지 돌아보라고 독려했다. 나는 몇몇 원칙을 갖고 이 훈련을 시작했다. 그중 하나는 C. S. 루이스에게 얻었다. 루이스는 정원에 잡초가 자랐다면 잡초를 두고 기도할 게 아니라 잡초를 뽑아야 한다고 했다. 바꾸어 말하면, 스스로 변화를 일으킬 수 있다면 그렇게 하라. 그러나 우리가 직접 노력해도 바꿀 수 없는 상황에 처할 때, 이를테면 사랑하는 사람이 아프거나 재정 문제가 우리의 한계를 벗어날 때, 우리는 문제를 하나님께 맡긴다. 둘째 원칙은 달라스 윌라드에게서 얻었다. 윌라드는 사람들이 대부분 너무 모호하게 기도해서 하나님이 실제로 응답하셨는지 알 수 없다고 했다.

그래서 이것을 명심하고, 내가 바꿀 수 없는 것을 위한 기도를 구체적으로 기록하기 시작했다. 루터는 하나님이 우리 기도에 어떻게(시간과 장소와 방법) 응답하실지 절대로 우리가 규정해서는 안 된다고 했다. 그래서 나는 "주님, 내 친구가 7월 5일 저녁 7시에 당신을 믿게 도와주십시오"라는 식으로 기도하지 않왔다. 오히려 친구가 어느 날 자기 삶을 예수님께 맡기도록 기도했다. 또한 내가 이렇게 기도한 날짜를 기록했다. 윌라드의 또 다른 조언을 활용해 같은 기도를 여러 번 했다. 어떤 기도가 응답되면, 거기에 메모하고 옆에 별표를 했다. 내 기도 노트를 넘겨 보면, 별이 많이 보인다(모든 기도 옆에 별이 붙어 있지는 않더라도). 이 훈련을 통해, 기도에 대한 확신이 커졌다. 어떤 기도는 응답되는 데 6년이 걸렸다. 친구가 예수님을 믿게 해 달라는 기도였다. 그 친구를 여러 해 보지 못하다가 1년 전 어느 바비큐 파티에서 만났는데, 그 친구는 자신이 그리스도인이 되었다고 자랑스럽게 말했다.

이번에도 기계적이지 않고 관계적이다. 여러 해 동안 이 사람의 삶에서 일하시도록 하나님께 기도해 왔는데, 하나님이 내 기도에 응답해 행동하셨다고 믿는다. 물론, 이것은 또 다른 문제를 불러온다. 다시 말해, 우리에게 하나님의 마음과 행동을 바꿀 힘이 있느냐는 것이다. 여기서 이것은 내 관심사가 아니다. 나는 이렇게 믿게 되었다. 우리의 간구를 하나님께 알리고 (빌 4:6), 하나님이 그분의 뜻대로 우리의 간구에 응답하시리라 믿어야 한다. 여기서 핵심은 이것이다. 기도는 우리가 하나님에 관해 알게 된 지식에 기초한 믿음의 행위이며, 우리는 구하고 응답받는 (또는 응답받지 못하는) 과정에서 하나님을 더 알게 되고 더욱 신뢰하게 된다.

하나님이 자신을 계시하지 않으시면, 우리는 절대 믿을 수 없다. 예수님의 성육신은 하나님의 본성을 보여 주는 가장 순전한 계시다. "나를 본 사람은 아버지를 보았다"(요 14:9). 성육신은 믿음을 가능하게 한다. 우리는 그리스도를 만날 때, 이런 질문과 마주한다. 이 사람이 누구였는가? 우리는 예수님의 제자들과 같은 처지다. 예수님은 제자들에게 자신을 버리고 다른 길을 가고 싶으냐고 물으셨다. 나는 이때 예수님과 제자들 간에 이뤄진 소통을 좋아한다. "예수께서 열두 제자에게 물으셨다. 너희까지도 떠나가려 하느냐? 시몬 베드로가 대답하였다. 주님, 우리가 누구에게로 가겠습니까? 선생님께는 영생의 말씀이 있습니다. 우리는, 선생님이 하나님의 거룩한 분이심을 믿고, 또 알았습니다"(요 6:67-69).

베드로는 예수님이 '영생의 말씀'이라고 믿을 만큼 그분을 잘 알았다. 이렇게 하면서, 베드로는 예수님이 '하나님의 거룩하신 분'이심도 믿게 되었다. 하나님의 행동이 없으면, 믿음은 딛고 설 토대가 없다. 그러나 하나님은 행동하시며, 이것이 믿음을 가능하게 한다.

● 믿음은 결코 근거 없는 확신이 아니다. 만약 근거가 없다면, 그것은 믿음이 아닐 것이다.

은혜에서 자라고 위로부터의 삶을 살며 하나님의 음성을 듣는 법을 배울 때, 이 점을 반드시 인정해야 한다. 우리는 불완전하게 보고 듣고 믿는다는 것이다. "지금은 우리가 거울로 영상을 보듯이 희미하게 보지마는, 그때에는 얼굴과 얼굴을 마주하여 볼 것입니다. 지금은 내가 부분밖에 알지 못하지마는, 그때에는 하나님께서 나를 아신 것과 같이, 내가 온전히 알게 될 것입니다"(고전 13:12). 우리는 모두 마가복음에서 예수님께 "내가 믿습니다. 믿음 없는 나를 도와주십시오"라고 외치던 사람과 약간 비슷하다(막 9:24). 우리의 믿음, 우리의 신앙에는 언제나 믿음과 의심이 혼재한다. 기억하라. 의심은 믿음의 바지 속에 들어간 개미 같다. 믿음은 결코 근거 없는 확신이 아니다. 만약 근거가 없다면, 그것은 믿음이 아닐 것이다. 최선의 "믿음은 바라는 것들의 확신이요, 보이지 않는 것들의 증거"(히 11:1)이다.

믿음과 행위

●

믿음과 행위의 관계에 관한 해묵은 논쟁이 있다. 어떤 그리스도인들은 자신의 믿음을 증명하는 선한 행위가 없으면 구원받을 수 없다는 입장을 견지했다. 종교개혁 때, 루터는 **오직 믿음***sola fide*으로 구원받는다고 단언했다. 루터는 당시에 만연한 내러티브, 곧 교회가 선한 행위와 어쩌면 돈을 근거로 죄를 사하고 용서를 선포할 권한이 있다는 믿음과 싸우고 있었다. 믿음이 구원의 유일한 근거라는 루터의 주장은 옳았다.

그러나 믿음의 본성은 행동이다. 야고보 사도의 관점은 루터의 주장과 관련해 균형을 잡는 데 도움이 된다. 야고보 사도는 이렇게 썼다. "그대가 보는 대로 믿음이 그의 행함과 함께 작용을 한 것입니다. 그러므로 행함으로 믿음이 완전하게 되었습니다"(약 2:22). 믿음은 행동으로 성취된다. 믿음은 행동한다. 믿음은 수동적이지 않다. 믿음은 행동으로 나타난다. 야고보는 어떤 교리나 고백을 믿기만 하는 믿음은 구원을 이루지 못한다고 보았다. 믿음은 오직 순종으로 완성된다. 그래서 그는 꾹꾹 눌러 썼다. "믿음에 행함이 따르지 않으면, 그 자체만으로는 죽은 것입니다"(약 2:17).

하루하루 믿음으로 살아 내기

●

우리의 평범한 하루하루를 믿음으로 산다는 건 어떤 모습일까? 매일 하나님을 작은 종이 상자에서 나오시게 하고 우리 삶의 모든 영역에서 한 부분이 되시도록 맡겨 드리는 것이다. 스티브의 이야기가 이것을 보여 준다. 믿음으로 살아가는 가장 좋고 단순한 (그리고 가장 어려운) 방법은 **나의 염려**를 하나님께 맡기는 것이다. 무엇인가를 염려한다면, 하나님이 내 삶의 그 영역에서 한 부분이 되시게 하지 못했다는 확실한 표시다. 염려란 일반적으로 신중하고 신경을 쓰며 우리가 할 수 있는 일을 한다는 뜻이 아니다. 염려란 우리가 할 수 있는 일을 다 한 후에도 여전히 우리가 주도권을 쥐는 것이다.

예를 들어, 일자리를 구한다고 하자. 이것은 하나님이 한 부분이 되시게 할 수 있는 일이다. 첫째, 기도한다. 사람들이나 기회를 만나도록 해 달라고 하나님께 구한다. 나는 기도에 관해 달라스 윌라드가 내린 정의를 늘 좋아한다. "기도는 하나님과 내가 함께하는 무엇이다."[6] 다음으로, 이제 귀 기울여야 할 때다(이 부분은 3장에서 살펴보았다). 하나님께 귀 기울여라. 다음으로, 어떤 일이 전개될 때, 바른 일을 함으로써, 즉 하나님의 뜻을 하나님의 방식으로 행함으로써 믿음으로 행동할 수 있다. 아들이나 딸을 걱정한다고 하자. 마음을 졸이며 염려할 수도 있고, 하나님을 그 상황에 초청해 들일 수도 있다.

몇 년 전, 내 딸 호프가 학교에서 어려운 시기를 겪었다. 우리 부부는 딸에게 신경 썼다. 나는 이 일을 하나님께 맡기기로 결심했다. 의식적으로 하나님을 이 상황에 초청해 들인 지 며칠 만에 사람들이 유익한 조언을 해 주기 시작했다. 치료사 친구가 이렇게 말했다. "예수님은 우리 아이들을 걱정하지 않으세요. 그러니 두 분도 걱정하지 마세요. 그저 기도하며 호프에게 귀 기울이세요." 훌륭한 조언이었다. 몇 주 뒤, 상황이 좋은 쪽으로 바뀌기 시작했다.

믿음으로 산다는 것은 하나님의 은혜와 지식에서 자라고, 위로부터의 삶을 살며, 하나님께 귀 기울이고, 그에 따라 행동하는 방법이다. 이렇게 할수록 더 편안해진다. 나는 염려 없이 사는 날을 위해, 도전에 두려워하지 않고 믿음으로 대응할 수 있는 날을 위해 기도한다. 나는 사람이다. 그래서 완벽을 구하지 않는다. 그러나 더 발전할 수 있도록 기도한다.

> ● 믿음으로 산다는 것은 하나님의 은혜와 지식에서 자라고, 위로부터의 삶을 살며, 하나님께 귀를 기울이고, 그에 따라 행동하는 방법이다.

하루의 끝에서, 우리는 그 하루를 하나님께 맡겨 드릴 수 있다. 우리는 이렇게 말할 수 있다. "당신의 말씀을 신뢰하겠습니다. 당신께서는 염려하지 말라고 하셨습니다. 염려는 아무 유익이 없고 해가 크다고 하셨습니다. 이제 이것을 알았습니다. 당신의 말씀을 의지해 행할 수 있게 도와주십시오. 신뢰하고, 염려하지 않도록 도와주십시오." 이렇게 한다면, 이렇게만 하면, 믿음으로 행동하게 될 것이다. 이렇게 할수록 하나님이 일하시는 것을(은혜) 더 보게 되고, 하나님은 신뢰할 수 있는 분임을 더 알게 될 것이다. 믿음은 수월하게 작동한다. 그래서 우리는 **편안하게** 믿음에 잠길 수 있다. 더는 믿음 있는 척할 필요가 없다. 믿음은 우리의 일상에서 순간순간 필요한 것이다.

미래에 관해서는 다른 종류의 믿음이 필요하다. 소망이다.

편안하게
믿음에
잠기다

영혼의 훈련: 나에게 이루어지기를 바랍니다

묵상으로 하나님의 얼굴을 익히지 못한 자는 누구라도 실제로 행동하시는 그분을 알아보지 못한다.

—한스 우르스 폰 발타사르(1905-1988)

훈련은 아주 단순하다. 복음서 한 단락을 천천히 읽으면서 그 장면을 머릿속으로 그려 보라. 주어진 단락을 읽으면서, 상상력을 발휘해 일어나고 있는 일을 보라. 인물, 장소, 광경, 냄새, 소리를 상상해 보라. 이야기 속 구경꾼이 되어 보라. 모든 초점을 예수님께 맞춰라. 그분이 하시는 말씀과 행동에 주목하라. 모든 말씀과 행동에서 그분의 성품이 물결치게 하라. 이 훈련을 하면서 깊이 와 닿는 게 있다면 일기장에 꼭 기록하라.

그리스도 묵상하기

예수께서 가버나움에 들어가시니, 한 백부장이 다가와서, 그에게 간청하여 말하였다. "주님, 내 종이 중풍으로 집에 누워서 몹시 괴로워하고 있습니다." 예수께서 그에게 말씀하셨다. "내가 가서 고쳐 주마." 백부장이 대답하였다. "주님, 나는 주

위대한
여 정

님을 내 집으로 모셔 들일 만한 자격이 없습니다. 그저 한마디 말씀만 해 주십시오. 그러면 내 종이 나을 것입니다. 나도 상관을 모시는 사람이고, 내 밑에도 병사들이 있어서, 내가 이 사람더러 가라고 하면 가고, 저 사람더러 오라고 하면 옵니다. 또 내 종더러 이것을 하라고 하면 합니다." 예수께서 이 말을 들으시고, 놀랍게 여기셔서, 따라오는 사람들에게 말씀하셨다. "내가 진정으로 너희에게 말한다. 나는 지금까지 이스라엘 사람 가운데서 아무에게서도 이런 믿음을 본 일이 없다. 내가 너희에게 말한다. 많은 사람이 동과 서에서 와서, 하늘나라에서 아브라함과 이삭과 야곱과 함께 잔치 자리에 앉을 것이다. 그러나 이 나라의 시민들은 바깥 어두운 데로 쫓겨나서, 거기서 울며 이를 갈 것이다." 그리고 예수께서 백부장에게 "가거라. 네가 믿은 대로 될 것이다." 하고 말씀하셨다. 바로 그 시각에 그 종이 나았다(마 8:5-13).

믿음 훈련

●

기도. 이번 주에도 기도 일기를 계속 써라. 자신의 기도 제목들을 쓰고, 하나님이 해 주시길 구하는 것을 구체적으로 기록하라. 그러나 루터가 경고했듯이 기도 응답의 방법이나 시간이나 장소를 정하지 말라.

간구와 순종. 조용한 곳을 찾아 경청하는 자세로 하나님 앞에

편안하게
믿음에
잠기다

앉아라. 당신이 하길 원하시는 게 있다면 무엇이든 알려 주시길 하나님께 구하라. 아마도 친구에게 격려의 메모를 쓰거나 전화를 걸어 안부를 묻는 것처럼 간단한 일일 것이다. 당신이 무엇인가를 하도록 하나님이 독려하신다고 느껴지면, 그 일을 시작하라.

위대한
여 정

소망을 품다

우리가 이생에서 소망할 수 있는 가장 좋은 것은 빛나는 현실을 작은 구멍으로 들여다보는 것이다. 그러나 언뜻 보는 것으로 충분하다. 지금 우리를 공격하는 그 어떤 고난이나 슬픔도 지평선 너머에서 우리를 기다리는 것과 비교할 수 없음을 우리 마음에 확신시키는 것으로 충분하다.

—조니 에릭슨 타다(1949-)

●

나는 덴버 브롱코스* 팬이다. 덴버에서 자라서 여덟 살부터 덴버 브롱코스 팬이었다. 덴버를 떠난 후에도, 여전히 브롱코스를 사랑하는 친구들과 잘 지냈고, 매주 친구들과 함께 브롱코스의 경기를 텔레비전으로 지켜보았다. 경기를 늘 생중계로 보지는 못하더라도 DVR이 나오면서, 원하는 시간에 볼 수 있었다. 2011년 10월의 특별한 일요일도 이런 경우였다.

그해 브롱코스에는 팀 티보라는 젊은 쿼터백이 있었다. 팀은 잘생긴 데다 그리스도의 증인이었기에 미디어의 표적이 되었다. 팀은 극적인 장면을 만들어 내는 재주도 있었다. 그러나 마이애미 돌핀스와 치른 경기에서(당시 돌핀스의 전적은 0승 5패였다), 팀 티보를 비롯한 브롱코스 선수들은 끔찍한 수준의 경기를 했

---

* 덴버를 연고지로 하는 미국 프로 풋볼 리그 팀.

다. 나와 친구들은 슬픈 얼굴로 말없이 경기 장면을 지켜보며 60분의 경기 중 57분 동안 괴로워했다. 브롱코스는 정규 시간이 채 3분도 안 남은 상황에서 15-0으로 지고 있었다. 하지만 상황을 바꿀 희망이라곤 전혀 없었다.

함께 어울리는 한 팬의 사위인 재러드 애덤스는 브롱코스 팬이 아니었기에 우리와 함께 경기를 보는 대신 옆방에서 자신이 응원하는 댈러스 카우보이스 경기를 지켜보았다. 그러나 재러드는 경기를 실시간으로 보았기에 우리보다 한 시간 앞섰다. 재러드가 풀이 죽은 브롱코스 팬들이 있는 방으로 천천히 들어왔다. 나는 그의 얼굴을 올려다보았다. 재러드는 희색이 감돌았다. 그러자 이런 생각이 들었다. '뭐 저런 녀석이 있어. 우리가 이렇게 괴로워하는 걸 알면서 웃으면서 들어온다고?' 그런데 재러드가 이렇게 말했다. "안녕들 하세요? 남은 경기를 함께 봐도 괜찮겠죠?" 그는 여전히 미소를 짓고 있었다. 또다시 재러드에 대해 안 좋은 마음이 들었다.

그때 문득 이런 생각이 들었다. 내가 알기로, 재러드는 아주좋은 사람이다. 재러드는 절대 타인의 불행을 고소해 할 사람이아니다. 머리가 멍해졌다. 재러드가 뭘 하는 거지? 그때 이런 생각이 들었다. '재러드는 뭔가 알고 있어. 이 경기가 어떻게 끝나는지 아는 게 틀림없어. 이 경기가 우리를 행복하게 해 줄 걸 아는 게 틀림없다고.' 아니나 다를까, 다음 플레이에서 브롱코스는 감동의 질주를 시작하더니 터치다운에 성공했다.* 한 번이 아니었다. 17초를 남겨둔 상황에서, 팀 티보는 터치다운 패스를 성공한 후**, 투 포인트 컨버전*** 플레이를 직접 성공시켜 경기를 동점으로 만들었다! 연장전에서, 키커 매트 프래터가 (그는 이전에 몇 차례 킥을 제대로 차지 못했다) 47미터 거리에서 공을 정확히 골대 사이로 차 넣었다. **브롱코스가 이긴 것이다!**

집 안은 완전히 광란의 도가니였다. 우리는 전에 없이 펄쩍 펄쩍 뛰며 환호성을 질렀다. 그 경기는 풋볼의 기적이었다. 사실, 1970년에 AFL과 NFL이 합병된 후, 그 어느 팀도 3분을 남겨두고 15점 차를 뒤집고 승리한 적이 없었다. 이 경기는 NFL 역사에서 가장 위대한 3분간의 역전으로 불린다. 끝난 후, 나는 재러드를 꼭 안아 주면서 우리에게 희망을 줘서 고맙다고 했다. 이것이 정확히 재러드가 한 일이었다. 그는 미래를 보았다. 그는 미래가 좋다는 것을 알았다. 그래서 우리에게 알렸다. 이것이 소망의 본질이다.

---

* 이제 스코어는 15:7이 되었다.
** 이제 스코어는 15:13이 되었다.
*** 터치다운을 하면 6점이 추가되고, 공격팀은 공을 바닥에 세워 골대 사이로 차 넣어 1점을 추가하거나 엔드라인 바로 앞 블루라인에서 필드 플레이를 해서 터치다운을 시도할 기회를 갖는다. 후자의 경우 성공하면 2점이 추가되며, 이것을 투 포인트 컨버전이라 한다.

위대한
여 정

소망의 정의

●

소망^{hope}은 인기 있는 단어다. 소망이란 단어를 하루에도 숱하게 들을 것이다. 소망이란 단어는 미래에 대한 관심을 표현할 때 가장 흔하게 사용된다. '내일 비가 안 왔으면 좋겠어.' '고지서를 납부할 돈이 있으면 좋겠어.' '우리 팀이 우승하면 좋겠어.' 소망은 미래와 연결된다. 소망은 오늘 나중이든, 올해 나중이든, 여러 해 후든 일어날 일과 관련이 있다. 내가 아들 제이컵을 처음 보았을 때, 그 애에 대한 희망에 부풀었다. 그가 잘 살 거라는 장기적 소망이었다. 핵심 단어는 **잘**(good, 선한)이다. 소망은 선한 것을 갈망한다. 소망은 절대 나쁜 미래를 바라지 않는다.

> ● 소망을 자신의 말로 어떻게 정의하겠는가?

주의 깊게 들어보면 알듯이, 사람들은 대부분 미래가 자기 생각대로 되기를 바랄 때 **소망**이란 단어를 사용한다. 이런 까닭에, 대부분의 사람에게 소망은 실제로 **희망 사항**일 뿐이다. 이것은 그 어떤 확실성에도 근거하지 않는다. 소망은 미래가 우리의 바람대로 되리라는 어떤 증거에 근거한다. 예를 들면, 야외 활동을 계획할 때 날씨가 좋고 비가 오지 않길 바란다면, 상당한 소망을 주는 자세한 일기예보를 듣거나 볼 것이다. 그러나 일기예보는 때로 빗나간다.

소망을
품다

이러한 소망을 **자연적 소망**이라 부를 수 있다. 이것은 일이 우리가 원하는 대로 이루어지리라는 순전한 바람과 어쩌면 약간의 증거에 근거한다. 예를 들면, 내가 아는 어떤 사람을 상당히 신뢰하게 되었다면, 그 사람이 나를 실망시키지 않으리라는 나의 소망은 적어도 어느 정도 근거가 있다. 여기서 핵심 단어는 '**알다**'이다. 지식은 과거의 경험에 기초한다. 과거를 소망할 필요는 없다(용서나 감사는 필요할 테지만 말이다). 나는 현재에 대한 믿음이 필요하다. 믿음은 현재에 기초한다. 그러므로 내가 누군가를 잘 안다면(경험적, 관계적 지식), 어느 정도 확신이 있기에 그 사람이 약속을 지키리라 믿을 수 있다. 미래에도 그 사람이 계속 신뢰할 만할 거라고 어느 정도 확신할 수 있다. 이것이 소망이다.

자연적 소망은 안정성과 확신을 주지 못한다. 그래서 미신이 그렇게 판을 친다. 우리는 특정 양말을 신거나 사다리나 검은 고양이를 피함으로써 결과를 통제할 수 있다고 생각한다. 이것들을 했는데 (또는 피했는데) 일이 잘 풀리면, 특정 양말을 신었거나 새끼 고양이를 피했기 때문이라며 자축한다. 이렇게 되면, 허상을 믿고, **내가 했다**고 생각한다. 불확실성의 세계에서 자신에게 통제권을 주는 것은 무엇이든 흥할 것이다.

많은 그리스도인이 자신도 모르게 이렇게 한다. 이들은 교회에 가거나 성경을 읽거나 특정 죄를 피함으로써 하나님께 상을 받으리라 믿는다. 이것은 실제로 율법주의의 한 형태이며, 율법

주의는 미신일 뿐이다. 이것은 우리가 우리 행위로 하나님을 통제할 수 있다는 믿음이다. 교회에 가고 성경을 읽는 것은 좋은 일이며, 죄를 피하는 것은 지혜롭다. 그러나 이러한 행위들이 미래를 통제할 수는 없다. 이것들은 우리의 마음과 영혼과 생각에 긍정적 영향을 미치기 때문에 선하다.

다행스럽게도, 다른 소망이 있다.

초자연적 소망

●

그리스도인으로서 대부분의 기간을 자연적 소망을 품고 살았다. 내 소망은 대부분 희망 사항이었다. 나는 하나님의 선하심을 믿었고 하나님은 모든 것이 협력하여 선을 이루게 하신다는 로마서 8장 28절을 인용할 수 있었으나, 사실 내 소망은 근거가 없었다. 소망도 믿음처럼 **지식에 기초한다**는 것을 알게 된 후에야 진정한 소망을 경험하기 시작했다. 이러한 소망은 자연적이지 않고 초자연적이다. 이런 소망은 위로부터의 삶(흔들리지 않는 하나님 나라에서의 영원한 삶)을 사는 데서, **은혜와 지식**에서 자라는 데서, 내 삶의 현재 순간들에서 하나님의 음성을 듣고 하나님과 소통하는 데서 온다.

소망을
품다

우리가 영생을 경험할 때, 과거, 현재, 미래가 전혀 새롭게 다가온다. 나의 과거와 당신의 과거는 지나갔다. 과거는 우리 뒤에 있다. 과거에 대해서는 믿음이나 소망이 필요하지 않다. 우리의 과거는 어쩌면 우리가 깊이 후회하는 것들과 자격이 없는데 우리가 받은 좋은 것들이 섞여 있다. 위대한 이야기는 나의 과거에게 말한다. 그리스도 사건은 매 순간 구속적이다. 막달라 마리아부터 삭개오까지, 예수님은 상한 자들과 죄인들과 잃어버린 자들을 품고 회복하신다. 우리의 이야기는 용서의 이야기다. 우리는 과거를 단순히 후회가 아니라 화해의 차원에서 볼 수 있다. 그리스도 안에 있는 자들은 숨기거나 두려워할 필요가 없다. 우리의 죄가 우리를 하나님의 사랑에서 끊지 못한다.

현재 우리에겐 믿음이 필요하다. 5장에서 보았듯이, 믿음은 지식에 기초한 지식이 확대된 것이다. 우리는 하나님을 알게 되었고, 하나님은 아름답고 선하며 참되기 때문에 우리는 현재의 순간에 믿음을 가질 수 있다. 소망도 같은 원리다. 우리는 하나님을 알게 되었고, 하나님은 아름답고 선하며 참되기 때문에 우리는 미래에 대해 소망을 가질 수 있다. 하나님은 성실하게 우리의 과거를 회복하셨을 뿐만 아니라, 어려울 때 현재

위대한
여 정

하는 도움이다. 이러한 소망은 신학적 소망이다. 초자연적 소망이다.

고대 철학자들은 자신들이 **기본 덕목**cardinal virtues이라 부른 것을 정의했다. 기본 덕목은 용기, 지혜, 절제, 정의 네 가지로, 덕스러운 삶에 필요한 덕목이다. 이런 기본 덕목은 신학적이거나 초자연적 도움이 필요하지 않다. 예를 들면, 정의는 자연적 수준에서 존재할 수 있다. 사람들은 순전히 인간적 노력으로 정의롭게 행동할 수 있다. 정의를 행하는 데 신의 개입은 필요하지 않다. 지혜, 용기, 절제도 마찬가지다. 믿지 않는 사람들은 이러한 덕목을 기를 수 있다.

● 우리가 이 위대한 여정에서 품어야 하는 이러한 소망에는 하나님의 위대한 행동이 필요하다.

대조적으로, 신학적 덕목인 믿음, 소망, 사랑은 하나님의 도움과 능력과 계시가 필요하다. 우리가 이 위대한 여정에서 품어야 하는 이러한 소망에는 하나님의 위대한 행동이 필요하다. 우리는 하나님이 (과거에) 이렇게 하셨음을 알며, 그래서 그분이 (미래에) 하실 일을 믿는다. 우리의 소망은 하나님의 약속에 기초한다. 예수님의 부활은 우리 소망의 기초다. 이 부활은 초자연적 행위로, 우리가 할 수 있는 일이 아니다. 그러나 하나님이 이것을 하셨음을 알기에, 우리는 하나님이 우리의 미래를 궁극적으로 다

소망을
품다

스리시길 소망한다. 이것이 성경에서 발견하는 소망이다.

성경의 증언

●

우리가 성경에서 발견하는 소망은 전적으로 그리스도 사건, 즉 예수님의 삶과 죽음과 부활에 기초한다. 성육신이 일어났다면, 하나님의 죽음이 일어났다면, 예수님의 부활이 일어났다면, 우리가 아는 우주는 완전히 달라졌다. 하나님이 우리의 세상에 들어와 혁명을 시작하셨다. 바로 이 하나님이 우리의 큰 두 원수, 곧 죄와 죽음을 이기셨다. 바로 이 하나님이 세상 끝날까지 우리와 늘 함께하겠다고 하셨다. 하나님은 과거에 활동하셨고, 현재에 활동하신다. 그러므로 바로 이 하나님이 미래에 우리와 함께하시리라 확신할 수 있다. 따라서 소망은 신학적 덕목이다. 소망은 전적으로 초자연적인 것에 있다. 더 구체적으로, 소망은 전적으로 예수님께 있다.

예수님은 이렇게 말씀하셨다. "너희는 마음에 근심하지 말아라. 하나님을 믿고 또 나를 믿어라"(요 14:1). 소망의 반대는 염려다. 그래서 예수님은 마음에 근심하지 말라고 하실 때 소망을 가지라고 하시는 것이다. 이것은 고아 소녀 애니처럼 이렇게 노래하는 소망이 아니다. "내일은 해가 뜰 거야. 내일은 해가 뜰 거라는 데 네 전부를 걸어."[1] 이것은 자연적 소망이다. 예수님은 이렇게 말씀하신다. "나는 죽은 자 가운데서 다시 살아났다.

네 전부를 내게 걸어라." 예수님의 부활이 그리스도인이 품는 모든 소망의 근거다.

바울은 고린도 그리스도인들에게 다음과 같이 말할 때 동일한 감성을 내비쳤다.

> 내가 만일 **인간적인 생각**human hopes 으로 에베소에서 사나운
> 짐승들과 싸웠다면
> 내게 무슨 유익이 있었겠습니까?
> 만일 죽은 사람이 다시 살아나지 못한다면
> "내일 죽을 텐데 먹고 마시자" 할 것입니다(고전 15:32, 현대인의
> 성경, 강조 추가).

인간적인 생각은 자연적인 소망이다. 바울은 이렇게 주장한다. 우리가 가진 게 인간적 소망뿐이라면, "파티를 즐기자. 죽은 이후에는 아무것도 없다!"고 외치는 이교도의 철학을 우리의 철학으로 삼는 게 낫다. 바울은 예수님의 부활이 죽음 너머의 무엇인 게 분명하며, 이것이 모든 것을 바꿔 놓는다는 사실을 일깨워 준다.

● 부활이 산 소망인 까닭은 예수님이 영원히 살아 계시기 때문이다.

소망을
품다

바울은 재판을 받을 때 자신의 복음을 변호하라는 요구를 받았다. 그는 이렇게 선포했다. "그들이[유대인들이] 기다리는 바 **하나님께 향한 소망**a hope in God을 나도 가졌으니, 곧 의인과 악인의 부활이 있으리라 함이니이다"(행 24:15, 개역개정, 강조 추가). 이것은 사람에게 둔 소망이 아니라 하나님께 둔 소망이고, 과거에 일어난 예수님의 부활에 근거하고 있으며, 다가오는 삶에서 부활을 고대하는 소망이다.

베드로는 첫째 편지에서 동일한 격려를 준다. "우리 주 예수 그리스도의 하나님 아버지께 찬양을 드립시다. 하나님께서는 그 크신 자비로 우리를 새로 태어나게 하셨습니다. 그리하여 그는, 죽은 사람들 가운데서 예수 그리스도가 부활하심으로 말미암아 우리로 하여금 **산 소망**을 갖게 해 주셨으며"(벧전 1:3, 강조 추가). 예수님은 죽은 자 가운데서 **살아**나셨다. 그분은 그때 이후로 살아 계신다. 부활이 산 소망인 것은 예수님이 영원히 살아 계시기 때문이다. 이것은 그저 평범한 소망에 둔 소망이 아니다. 하나님께 둔 소망이다. 톰 라이트가 말하듯이, "소망이란 이 하나님이 우리를 떠나거나 버리지 않으시고 언제나 우리를 위해 우리가 구하거나 상상할 수 있는 것보다 많이 준비해 두시리라는 안정되고 흔들리지 않는 확신이다."[21]

당신 안에 계신 그리스도 : 영광의 소망

●

부활의 실재는 예수님을 신뢰하는 우리들 각자의 삶에서도 경험할 수 있다. 우리는 근본적으로 변화되었다. 부활이 우리의 존재 자체를 바꿔 놓았다. 우리는 그리스도께서 내주하시는 사람이다. 바울은 위대한 이야기, 곧 유대인들을 넘어 모든 사람에게 미치는 하나님의 구원하시는 사랑 이야기를 들려준다. "하나님께서는 이방 사람 가운데 나타난 이 비밀의 영광이 얼마나 풍성한지를 성도들에게 알리려고 하셨습니다. 이 비밀은 여러분 안에 계신 그리스도요, 곧 영광의 소망입니다"(골 1:27). 그리스도께서 죽은 자 가운데서 다시 살아나셨고, 성령의 능력으로 지금 **우리 안에** 계신다는 것은 놀라운 신비다. 이것이 영광의 소망이다.

같은 편지의 앞부분에서, 바울은 골로새 그리스도인들에게 그들 안에 있는 그리스도의 신비는 또한 "여러분을 위하여 하늘에 쌓아 둔 소망"이라고 말한다(골 1:5). 이것은 계약금, 곧 우리를 기다리는 것의 첫 열매다. 바울은 이렇게 추론한다. 그리스도께서 지금 우리 안에 계신다면, 우리가 죽을 때와 그 이후에도 우리 안에 계시리라 확신할 수 있다. 무덤은 예수님을 막을 수 없었듯이 우리 안에 계신 그리스도를 막을 수 없다. 이것이 모두 위대한 복음의 한 부분이다. 바울이 이들에게 일깨우듯이 "이 소망은 여러분이 진리의 말씀 곧 복음을 받아들일 때에

소망을
품다

155

이미 들은 것입니다"(골 1:5). 우리의 생명이신 그리스도께서 나타나실 때, 우리도 그분과 함께 영광 중에 나타날 것이다(골 3:4).

이러한 소망, 인간의 영리함이나 천재성이나 강함의 능력이 아니라 오직 하나님의 능력에 근거한 소망만이 우리를 이끌고 삶의 폭풍을 헤쳐 나갈 수 있다. 소망은 하나님이 과거에 행하신 일 때문에 선한 미래를 확신하는 것이다. 이번에도 바울은 이렇게 설명한다. "하나님께서는 이렇게 위험한 죽음의 고비에서 우리를 건져 주셨고, 지금도 건져 주십니다. 또 앞으로도 건져 주시리라는 희망을 우리는 하나님께 두었습니다"(고후 1:10). 흔들리지 않는 확실한 소망은 이 사실에 근거한다.

● 소망은 하나님이 과거에 행하신 일 때문에 선한 미래를 확신하는 것이다.

그러나 우리 소망의 대상은 여전히 눈에 보이지 않는다. 이것이 소망의 본성이다. 믿음처럼, 소망은 보이지 않는다(히 11:1). 바울은 심지어 소망을 우리의 구원과 연결한다. "우리는 이 소망으로 구원을 얻었습니다. 눈에 보이는 소망은 소망이 아닙니다. 보이는 것을 누가 바라겠습니까? 그러나 우리가 보이지 않는 것을 바라면, 참으면서 기다려야 합니다"(롬 8:24-25).

바울이 두 시제를 어떻게 사용하는지 주목하라. 소망(미래)과 구원을 얻었다(과거). 우리는 하나님이 그리스도 안에서 과거에 하신 행위로 구원받았으며, 이제 미래의 삶에서 이 구원이 완성되길 기다려야 하는데, 이것이 소망의 행위다.

성인들의 소망

●

소망은 위대한 여정에 처음부터 필수였다. 3세기 초, 성 키프리아누스는 로마서 8장 24절을 해석하면서 이렇게 썼다.

> 우리는 지금, 현재 영광을 구하는 것이 아니라, 우리가 소망으로 구원을 받았다고 가르치신 바울 사도의 말처럼, 미래의 영광을 고대합니다. 보이는 소망은 소망이 아닙니다. 보이는 것을 누가 소망하겠습니까? 그러나 우리가 보이지 않는 것을 소망하면, 인내로 기다립니다. 우리가 되기를 시작한 것에서 완전해지려면, 우리가 소망하고 믿는 것을 하나님께로부터 받으려면, 인내하며 기다리는 것이 필수입니다.[3]

키프리아누스를 비롯한 사람들에게 소망은 우리의 구원의 기초다. 소망도 믿음처럼 보이지 않는다. 우리는 현재에 대해 믿음을 실천하지만, 보이지 않고 알 수 없는 미래에 대해서는 소망을 의지한다. 이런 까닭에, 소망은 자연스럽게 인내를 낳는다.

기독교 역사의 대사상가들은 그리스도가 소망의 기초라는 데 동의한다. 성 아우구스티누스는 이렇게 썼다. "우리는 그리

소망을
품다

스도 안에서 이 소망을 품는다. 그분 안에서 그분의 약속이 우리가 소망하는 모든 것을 성취하기 때문이다."[4] 소망의 중심에 그리스도가 있다. 더 구체적으로, 아우구스티누스가 말하듯이, 소망의 중심에 예수님의 **약속들**이 있다. 예수님은 자신의 계명을 지키는 자들은 결코 죽음을 맛보지 않으리라고 하셨다(요 8:52). 예수님은 또한 이렇게 말씀하셨다. "나는 하늘에서 내려온 살아 있는 빵이다. 이 빵을 먹는 사람은 누구나 영원히 살 것이다"(요 6:51). 이것들은 미래에 관한 약속이다. 이것들을 믿을 수 있는 것은 이것들을 약속하신 분 때문이다.

아우구스티누스는 믿음과 자선과 더불어, 소망은 우리가 하나님을 예배하는 방법이라고까지 했다. "믿음과 소망과 자선은 남는다."[5] 소망을 품는 삶은 예배 행위이며, 하나님이 그리스도 안에서 우리에게 주신 변함없는 확신에 대해 하나님을 찬양하는 행위다. 기도도 소망의 행위다. 7세기에 시리아의 성 이삭은 이렇게 썼다. "기도할 때, 소망으로 씨를 뿌리는 농부를 생각하십시오."[6] 기도한다는 것은, 씨를 뿌리는 자들이 어느 날 열매를 거두리라는 확신을 가지듯이, 하나님이 미래에 행동하시리라는 확신을 갖는 것이다.

13세기에 성 토마스 아퀴나스(1225-1274)도 소망과 기도의 관계에 대해 썼다. 그는 소망이 주기도의 핵심이라고까지 했다. "우리의 구원자께서 우리 믿음을 시작하시고 완전하게 하셨듯이, 그분은 우리에게 기도를 가르침으로써 우리를 산 소망으로 인도하는 유익을 베푸셨다. 이 기도를 통해 특별히 하나님은 우리의 소망을 이끄신다.”[7] 우리는 주기도문의 각 구절을 기도할 때, 소망으로 기도한다. 주기도문의 각 구절은 모두 미래를 향하며, 하나님의 약속에 기초한다. 기도는 소망이다.

● 우리는 주기도문의 각 구절을 기도할 때, 소망으로 기도한다. 주기도의 각 구절은 모두 미래를 향하며, 하나님의 약속에 기초한다.

그러나 어느 교회 회의에 따르면, 우리는 소망을 말할 때 주의해야 한다. 트리엔트 종교회의(1545-1563)는 이렇게 경고한다. “모든 사람이 하나님의 도움에 가장 확고한 소망을 두어야 하지만, 그렇더라도 그 누구도 자신에게 그 무엇도 절대적으로 확실하게 약속해서는 안 된다. … 다시 말해, 자신들이 거듭나 영광의 소망을 갖게 되었지만 아직 영광에 이르지 못했음을 알고 두려워해야 한다.”[8] 우리는 선한 미래를 기대할 수 있지만, 그 미래가 정확히 어떠할지는 확실히 알지 못한다. 우리는 영광의 소망을 받았으나, 아직 영화롭게 되지 못했다.

믿음처럼 이런 종류의 소망에도 어느 정도의 의심은 늘 있을 것이다. 이 장을 읽으면서 ‘나는 이런 종류의 소망을 믿지 않아’라고 생각하고 낙담할지 모른다. 이번 장에 나오는 각각의 내용대로, 은혜에서 자라기부터 위로부터의 삶 살기, 하나님의 음성 듣기, 믿음으로 살기까지 우리는 우리가 있는 곳에서 시작하며 소망을 기르도록 도와줄 은혜를 구한다. 이 책의 제목이 《위대한 여정》인 것은 이러한 삶이 이동과 성장을 상정하기 때문이다. 우리는 이르지 않았다. 우리는 절대 완전하지 않을 것이다. 그러나 진보를 이룰 수 있다.

하나님과의 소통이 내 소망에 힘을 더한다. 하나님이 주시는 말씀, 시의적절한 사건, 하나님이 나와 함께 일하신다는 내적 느낌 같은 신비한 만남이 예수님에 대한 나의 확신을 세운다. 하루하루, 그분의 말씀이 내 삶에서 더 진실하게 울리며, 그분의 부활이 내 삶에서 더 생생해지며, 그분의 능력이 내 삶에서 훨씬 더 강하게 느껴진다. 이 모두가 나의 소망에 기여한다.

그러나 당신은 지금 절망의 자리에 있을지 모른다. 이 장을 읽는 게 절망스러워 보일지 모른다. 절대 당신에게 "그저 소망을 가지세요"라고 말하지 않겠다. 이것은 입에 발린 말일 것이다. 나도 이런 상황을 겪었다. 그때 그리스도인들이 격려가 될 거라 생각해 해 준 말들은 오히려 마음만 더 상하게 하고 말았다. 다시 말하겠다. 핵심은 소망이란 우리가 하는 그 무엇이 아니라는 것이다. 오히려 우리가 위로부터의 삶을 살고, 은혜에서 자라며, 믿음으로 살기 시작할 때 더 힘을 얻는다. 이것이 우리가 이 캄캄한 골짜기에서 할 수 있는 전부다. 하나님이 나와 함께하신다는 사실, 내가 캄캄한 밤을 지날 때에도 나와 함께하신다는 사실이 위로가 된다.

무엇이 중요한가

●

미신은 이제 그만. 어떤 그리스도인들은 소망을 **희망 사항**으로 취급하는 경향이 있다(**자연적 소망**). 이렇게 하면서, 결국 미신과 결핍감을 갖게 된다. 미신은 우리가 미래를 통제하려는 방식이다. 그리고 미신은 본질상 종교적일 수 있고 종교적이기 십상이다. "교회 예배에 빠지면, 하나님께 벌을 받을 거야." 여러 해 전, 내가 인도하는 성경 공부 모임에서 있었던 일이다. 아버지가 곧 심장 수술을 받는다면서 한 여성이 이렇게 기도한다고 했다. "아버지를 고쳐 주시면, 평생 감자튀김을 먹지 않겠습니다." 아버지가 회복되자, 그녀는 감자튀김을 입에 대지도 않았다.

의도는 좋았지만, 이러한 행동은 소망을 보는 성경적 시각을 가로막는다. 미신은 실제로 교만의 한 형태다. 진정한 소망의 주된 결과 중 하나는 겸손이다. 감자튀김을 놓고 하나님과 거래하는 미신 대신, 우리는 하나님 앞에 서서 자신을 완전히 내려놓는다. 그리스도인의 소망은 하나님의 일에, 하나님의 약속에, 하나님의 선함과 능력에 기초한다. 우리에게 기초하는 게 아니다. 그리스도인의 소망은 겸손을 증진한다. 우리는 아무것도 내세우지 않는다. 우리는 여전히 연약하며, 오직 하나님의 능력을 의지한다.

삶의 질. 이러한 소망은 살아갈 삶을 가치 있게 만든다. 최근 어느 교회에서 설교했는데, 그 교회 찬양팀이 빌 게이더(1936-)

의 찬양 〈살아 계신 주〉를 회중과 함께 불렀다. 나는 이 찬양을
수년간 부르지 않았다. 그러나 이 찬양을 부르는데, 가사가 내
안에 깊은 소망을 불어넣었다.

> 살아 계신 주 나의 참된 소망
> 걱정 근심 전혀 없네
> 사랑의 주 내 갈 길 인도하니
> 내 모든 삶의 기쁨 늘 충만하네[9]

소망의 질이 삶의 질에 영향을 미친다. 소망은 우리가 황홀
한 낙관론을 갖고 살게 한다.

사랑은 소망하고, 소망은 사랑한다. 마지막으로, 이러한 소망
은 우리가 더 큰 이야기에 들어갈 때에야 활성화된다. 소망은
운행되는 더 큰 실체에, 사랑에 기초한 하나님의 모략에 자리를
잡는다. 발타사르는 이렇게 썼다. "이 소망은 순전한 인간적 소
망과 분명하게 구분되어야 한다. 이 소망은 불확실성이나 추정
이나 개연성으로 묘사될 수 없고, 믿음처럼 사랑의 보편성에 참
여하기 때문이다. '[사랑은] 모든 것을 덮어 주며, 모든 것을 믿
으며, 모든 것을 바라며, 모든 것을 견딥니다'(고전 13:7)."

믿음. 소망. 사랑. 사랑은 7장의 주제다.

영혼의 훈련: 내 눈이 주님의 구원을 보았습니다

성경을 읽고 성경을 묵상할수록, 성경에 놀라게 될 것입니다.
— 찰스 스펄전(1834-1892)

훈련은 아주 단순하다. 복음서 한 단락을 천천히 읽으면서 그 장면을 머릿속으로 그려 보라. 주어진 단락을 읽으면서, 상상력을 발휘해 일어나고 있는 일을 보라. 인물, 장소, 광경, 냄새, 소리를 상상해 보라. 이야기 속 구경꾼이 되어 보라. 모든 초점을 예수님께 맞춰라. 그분이 하시는 말씀과 행동에 주목하라. 모든 말씀과 행동에서 그분의 성품이 물결치게 하라. 이 훈련을 하면서 깊이 와 닿는 게 있다면 일기장에 꼭 기록하라.

그리스도 묵상하기

그런데 마침 예루살렘에 시므온이라는 사람이 있었는데, 그 사람은 의롭고 경건한 사람이므로, 이스라엘이 받을 위로를 기다리고 있었고, 또 성령이 그에게 임하여 계셨다. 그는 주님께서 세우신 그리스도를 보기 전에는 죽지 아니할 것이라는

소망을
품다

성령의 지시를 받은 사람이었다. 그가 성령의 인도로 성전에 들어갔을 때에, 마침 아기의 부모가 율법이 정한 대로 행하고자 하여, 아기 예수를 데리고 들어왔다. 시므온이 아기를 자기 팔로 받아서 안고, 하나님을 찬양하여 말하였다.

"주님, 이제 주님께서는 주님의 말씀을 따라,
이 종을 세상에서 평안히 떠나가게 해 주십니다.
내 눈이 주님의 구원을 보았습니다.
주님께서 이것을 모든 백성 앞에 마련하셨으니,
이는 이방 사람들에게는 계시하시는 빛이요,
주님의 백성 이스라엘에게는 영광입니다."

아기의 아버지와 어머니는, 시므온이 아기에 대하여 하는 이 말을 듣고서, 이상하게 여겼다. 시므온이 그들을 축복한 뒤에, 아기의 어머니 마리아에게 말하였다. "보십시오, 이 아기는 이스라엘 가운데 많은 사람을 넘어지게도 하고 일어서게도 하려고 세우심을 받았으며, 비방 받는 표징이 되게 하려고 세우심을 받았습니다―그리고 칼이 당신의 마음을 찌를 것입니다―그리하여 많은 사람의 마음속 생각들이 드러나게 될 것입니다"(눅 2:25-35).

소망 훈련

●

과거를 기억하며 미래 내다보기. 하나님이 과거에 어떻게 당신의 삶에서 일하셨는지 돌아보는 시간을 가져라. 예를 들면, 하나님이 당신의 삶에서 생생하게 느껴졌던 순간들을, 어쩌면 하나님의 친밀함을 경험했던 더 신비로운 순간들을 떠올려라. 하나님이 그때 당신의 삶에서 하셨던 일에 주목하고, 당신의 미래를 생각하라. 다가올 날과 주와 해에 하나님이 자신을 어떻게 계속 나타내시겠는가?

구속적인 기억하기. 과거에 입은 상처와 겪은 실망을 돌아보는 시간을 가져라. 하나님이 그때 어떻게 일하셨는가? 그 경험이 어떻게 지금의 당신을 만들었는가?

소망을
품다

제7장

사랑에 놀라다

사랑이 나의 소명입니다.
—리지외의 성 테레사(1873-1897)

로스앤젤레스에서 강연을 마치고 LAX*에 가려고 우버를 기다리고 있었다. 차가 도착해 기사가 짐을 트렁크에 실은 후, 나는 뒷자리에 앉았다. "LAX로 가 주세요. 얼마나 걸릴까요?" 내가 물었다.

"손님, 제 컴퓨터에는 손님을 여기서 9분 거리에 모셔다 드리라고 나오는데요." 여성 기사가 답했다.

"뭔가 착오가 있는 게 분명하네요." 내가 말했다. "저는 LAX에서 비행기를 타야 해요. 그래서 빨리 공항에 도착해야 합니다."

그녀는 휴대전화를 잠시 들여다보더니 이렇게 말했다. "프리미엄 서비스를 신청하지 않으셨네요. 프리미엄 서비스를 신청하셨다면 혼자 타고 가실 수 있거든요. 손님이 예약하신 서비스

---

* 로스앤젤레스 국제공항 코드명.

는 합승이 허용됩니다. 그래서 중간에 다른 손님들을 태워야 해요." 그녀가 설명했다.

"그 손님도 LAX에 가시나요?" 내가 물었다.

"아닙니다. 그 손님들은 13분 떨어진 곳에 가십니다. 그다음에 손님을 공항까지 모셔다 드리겠습니다." 그녀가 말했다.

점점 화가 나고 있었다. 이것은 내 계획에 없던 일이다.

여기서 고백하고 넘어가야겠다. 이 정도 지체한다고 해서 비행기를 놓칠 위험은 없었다. 다만, 공항 클럽하우스를 이용할 시간이 줄어들 터였다. 이 클럽하우스 라운지를 이용하면, 조용한 환경에서 음식과 음료를 무료로 먹고 마실 수 있었다. 나는 비행기 여행을 많이 하는 데다 작은 도시에 살기 때문에 대체로 환승을 한다. 그래서 이러한 클럽의 회원권을 갖고 있으면 여행이 훨씬 즐겁다. 적어도 이것이 이 클럽의 회원권을 가진 나의 변명이다. 고백 끝.

그러나 이제 상황이 나빠진다.

이후 15분 동안, 내가 탄 차가 다른 곳에 가서 누군가를 태워 목적지까지 먼저 데려다주어야 한다는 게 너무 불편하고 불공정하다고 생각했다. 이것이 공짜 아침과 카푸치노를 먹을 수 없다는 뜻일 거라고 생각했다! 그런데 차는 덜 바람직한 동네로 들어가고 있었다. 기사가 허름한 집 앞에 차를 세웠고, 젊은 라틴계 여성이 집에서 나와 택시에 올랐다. 그 여성은 젊고 예뻤으며 환한 미소를 지었다. 방금 머리를 감았는지 머리카락이 젖

사랑에
놀라다

어 있었다.

"어디 가세요?" 그녀가 내게 물었다.

"공항이요." 내가 대답했다.

"여긴 휴가차 오신 건가요?"

"아닙니다. 일 때문에 왔습니다. 이제 집에 돌아가는 길입니다." 내가 말했다.

"와, 그럼 여행을 많이 하시겠네요?" 그녀가 물었다.

"네, 그렇습니다."

"와, 재미있겠어요. 전 아직 비행기를 못 타 봤거든요." 그녀가 말했다.

"정말이세요? 어디 가세요?" 내가 물었다.

"두 번째 직장에 갑니다." 그녀가 답했다.

"두 번째 직장이라고요?"

"네, 직장이 두 개예요. 첫 번째 직장에서 새벽 2시에 퇴근해 집에 돌아와 네 시간 자고 이제 두 번째 직장에 출근해요. 아이들과 어머니를 부양하려면 일을 해야 하거든요. 제가 출근하면 함께 사는 어머니가 아이들을 돌봐주세요." 그녀가 설명했다.

나는 생각에 잠겼다. '저 여자는 새벽까지 일하고 퇴근해 잠시 눈 붙이고 두 번째 직장에 출근하는 생활을 반복하면서도 내내 미소 짓고 행복해하는데 나는 공항 라운지에서 보낼 시간이 줄어든다고 투덜대고 있다니.' 택시는 그녀의 일터까지 가지 않았다. 그녀를 버스 정류장에 내려 주었다! 그녀는 다시 버스

위대한
여 정

를 타고 두 번째 직장까지 가야 한다. 또 얼마나 걸릴지 누가 알겠는가? 그녀는 차에서 내려 똑같은 미소를 지으며 나를 보고 말했다. "집까지 좋은 여행 되세요. 만나서 반가웠어요."

이 순간, 내가 하나님 나라에 원하는 만큼 깊이 들어와 있지 못함을 깨닫는다.

네 가지 사랑

●

리지외의 테레사는 "사랑이 나의 소명입니다"라고 했다. 우리는 사랑을 위해 만들어졌다. 무엇보다도, 우리는 사랑받도록 지음을 받았다. 연구에 따르면, "충분히 잡아 주고 코를 비벼 주고 안아 주지 못한 아기들은 말 그대로 성장을 멈추고, 이런 상황이 오래 계속되면 설령 영양 공급을 제대로 받더라도, 죽는다"고 한다.[1] 인간에게 가장 절실히 필요한 것은 사랑이라고 해도 좋겠다. 그리고 우리는 사랑을 주도록 만들어졌다. 친절과 사랑을 베풀면 "뇌와 몸 전체에서 옥시토신이란 호르몬이 분비되며"[2] 결과적으로 심장 혈관이 좋아지고 노화가 더뎌진다.

사랑이 우리의 소명이다. 우리는 사랑을 갈망하고, 사랑을 위해 지음받았으며, 사랑하도록 지음받았다. 그러면 정확히 사랑이란 무엇인가? 우리는 사랑이란 단어를 끊임없이, 아주 다양하게 사용한다. 문제는 영어로 사랑에 해당하는 단어가 하나뿐이라는 것이다. 그리스어에는 네 가지가 있다. **스톨게**_storge_는 정

情의 사랑으로, 엄마와 아이 사이에서 가장 잘 나타난다. **필레오** *phileo*는 우정의 사랑으로, 매우 친한 친구 사이에서 가장 잘 나타난다. **에로스** *eros*는 감각적 또는 성적 사랑으로, 연인들 사이에서 가장 잘 나타난다. 마지막으로 **아가페** *agape* 사랑은 보답을 바라지 않고 타인의 유익을 구하는 사랑이다. **아가페** 사랑은 사랑받는 자의 자질에 의존하지 않는다. **아가페** 사랑은 사랑스럽지 않은 자라도 사랑한다. **아가페** 사랑은 원수라도 사랑할 수 있다.

> ● 아가페 사랑은 사랑받는 자의 자질에 의존하지 않는다. 아가페 사랑은 사랑스럽지 않은 자라도 사랑한다. 아가페 사랑은 원수라도 사랑할 수 있다.

이런 이유들에서(보답이 필요 없고, 자질이나 사랑스러움에 의존하지 않으며, 원수에게까지 확대될 수 있다), 그리스도인들은 잘 알려져 있으나 자주 사용되지 않는 **아가페**라는 단어를 취해 그들의 언어로 삼았다. 이것은 위대한 이야기에서 보이는 사랑을 묘사하는 완벽한 방법이었다. 하나님이 세상을 사랑하여 존재하게 하고, 세상을 위해 고난받고 죽으며, 아무런 보답도 요구하지 않으신다. 하나님의 사랑은 우리의 자질에 의존하지 않는다. 하나님은 우리의 죄와 추함과 반역에도 불구하고 우리를 사랑하신다. 바울은 이것을 분명하게 말한다. "우리가 아직 죄인이었을 때에,

그리스도께서 우리를 위하여 죽으셨습니다. 이리하여 하나님 께서는 우리들에 대한 자기의 사랑을 실증하셨습니다"(롬 5:8).

하나님이 이 특별한 사랑으로 우리를 사랑하신다는 사실을 발견하는 데서 혁명이 시작되었다. **아가페**는 모든 사랑의 절정 으로 높이 평가되었는데, **아가페**가 이런 사랑인 것은 사실이다. 그러나 이 과정에서, 다른 종류의 사랑이, 특히 **에로스**가 이보 다 못하고 의심스러운 사랑이 되었다. 많은 그리스도인이 **에로 스**는 '육체적' 사랑이고 **아가페**는 '비육체적' 사랑이라고 믿도 록 배웠다. 이로써 **에로스**와 **아가페** 사이가 틀어졌고, 둘 사이 의 그 어떤 관계도 부정하게 되었다. 이것이 많은 그리스도인이 사랑을 생각하는 주된 방식이 되었다. 더 중요한 점은, 더 많은 사람들이 밟은 이 길은 이들이 이웃뿐 아니라 하나님과 자신을 사랑하는 방식에 영향을 미친다는 것이다.

확실히, (**필레오**뿐 아니라) **에로스**는 사랑받는 자에 관한 무엇인 가를 사랑한다는 점에서 이기적 사랑이다. **에로스**는 친구든 배 우자든 간에 사랑받는 사람의 자질에 의존한다. 많은 사람에게 **에로스**는 **아가페**로 이어질 수 없으며 그래서도 안 된다. 사랑을 이해하는 이러한 방식은 하나님과 자신과 이웃을 향한 우리의 사랑이 순전히 **아가페**여야 한다고 믿는 결과를 낳는다. 아가페 는 가장 좋고, 가장 높으며, 가장 경건한 사랑의 형태다. 그 결 과, 세 가지 모두 희미한 사랑이 되고 만다.

사랑에
놀라다

사랑, 에로스이자 아가페

●

C. S. 루이스는 자신의 걸작 《네 가지 사랑》에서, **필요의 사랑**need love, 곧 **에로스**와 **선물의 사랑**gift love, 곧 아가페를 구분했다. 그는 처음 이 대작을 쓰기 시작했을 때, 필요의 사랑(**에로스**)은 저급하고 이기적인 사랑이며, 선물의 사랑(**아가페**)은 이타적이고 고귀한 사랑이라고 믿었다. 그런데 글을 쓰는 동안 생각이 바뀌었고 이렇게 썼다. "실상은 내가 생각한 것보다 복잡하다."[3] 루이스가 이 책을 쓰려고 깊이 파고들었을 때 자신이 너무 단순하게 생각했다는 걸 발견하지 않았을까 싶다. 자신의 시詩에서 루이스는 충격적인 고백을 했다. "내 평생 이기적이지 않은 생각을 해 본 적이 없다." 우리는 일종의 이타적 사랑을 갈망하지만, 사실 이런 사랑에 절대 이르지 못한다. 우리의 **에로스** 사랑이 모두 저급한 것도 아니다. 우리 부부는 서로를 향한 강한 사랑—**에로스**이자 **아가페**—이 있으며, 나는 전자가 열등하다고 생각하지 않는다. **에로스**는 우리의 결혼 생활에서 멋진 부분이다.

하나님을 향한 우리의 사랑도 다르지 않다. 루이스는 우리가 하나님을 사랑하는 방식이 전적으로는 아니더라도 대체로 필요 때문에 생기는 사랑일 수밖에 없다고 지적한다. 나는 여기에 동의할 뿐 아니라 이것이 필수라고 보며, 하나님이 우리를 이렇게 만드셨다고 믿는다. 나는 "에로스와 아가페를 서로 다른 두

종류로 분리하는" 것이 나쁜 신학일 뿐 아니라 심각한 실수라고 믿는다. 오히려, 신시아 부조Cynthia Bourgeault*가 말하듯이, "**아가페는 본질적으로 변모된 욕망이다.**"[4] 어떻게 이 욕망이 변모되는가? **케노시스**Kenosis에 의해서인데, 나는 이것을 '타인의 선을 위한 자기희생'으로 정의한다.

나는 오 헨리(O. Henry, 1862-1910)가 쓴 〈동방박사들의 예물〉**이라는 훌륭한 단편을 아주 좋아한다. 이것은 사랑(**에로스**)에는 부자지만 경제적으로 가난한 남녀의 이야기다. 이들은 서로를 위해 자신의 가장 귀한 소유를 포기한다. 여자는 아름다운 머리카락을 잘라 팔아 남자의 금시계에 맞는 체인을 산다. 남자는 금시계를 팔아 여자의 아름다운 머리를 빗을 특별한 빗을 산다. 이들의 희생이 허비였는가? 어떤 의미에서는 그렇다. 그러나 사랑이 가장 중요한 것이라면, 그렇지 않다. 예수님의 십자가 죽음, 곧 최고의 케노시스 행위는 이와 비슷하게 허비였다고 부를 수 있다. 많은 사람이 그분의 선물을 받길 거부하기 때문이다. 그러나 우리는 십자가에서 가장 고귀한 사랑의 행위를 본다.

내 제자였던 크리스틴 웨이드는 **에로스**와 **아가페**의 이러한 결합을 아름다운 방식으로 설명했다. 그녀는 고등학생 때 얘기

---

* 미국성공회 여성 사제.
** *The Gift of the Magi*, 국내에서는 주로 〈크리스마스 선물〉로 알려진 유명한 단편소설이다.

사랑에
놀라다

를 들려주었다. 어느 날 크리스틴이 아버지가 있는 거실로 나오자, 아버지는 그녀에게 대뜸 이렇게 말했다. "크리스틴, 아빠는 널 사랑하며, 언제나 사랑할 거야. 근데, 아빠는 널 진짜로 좋아하기도 해. 아빠는 네 모습 그대로의 네가 좋고, 너랑 함께 있고 너랑 얘기하는 게 좋단다." 크리스틴은 아버지의 말이 깊은 울림을 주었다고 했다. 크리스틴이 단지 아버지의 딸이기 때문에 사랑받는 게 아니었다. 크리스틴은 아버지가 사랑하고 또 좋아하는 대상이었다. 하나님도 우리를 향해 이런 사랑을 품으신다. 그러나 내 그리스도인 친구 중에 다수가 이것을 믿길 어려워한다. 이 문제는 내게도 어려운 도전이었다는 점을 인정한다. 그리스도인이 되고 목사가 되고 교수가 된 후에도, 나는 브레넌 매닝(1934-2013)이 커피를 마시며 내게 했던 말에 놀랐다. "짐, 자네는 하나님이 자네를 정말로 사랑하신다는 걸 믿지 않는군. 단지 자네를 참아 주시는 게 아니라 정말로 사랑하고 정말로 좋아하신다는 걸 말일세." 의표를 찔렸으나 그의 말이 사실임을 인정해야 했다.

하나님 나라에서 사랑하기

●

베르니니(Gian Lorenzo Bernini, ?-1680, 이탈리아 조각가)의 위대한 조각 〈아빌라의 테레사〉를 보면, 테레사는 황홀경에 빠져 있다. 사실 이 조각에는 〈**성 테레사의 황홀경**Ecstasy of Saint Teresa〉이란

위대한
여 정

〈성 테레사의 황홀경〉, 잔 로렌초 베르니니(1647-1652)

제목이 붙어 있다. 창을 든 천사가 황홀경에 빠진 수녀 옆에 서 있고, 그녀의 눈이 이야기를 들려준다. 베르니니는 테레사가 자서전에서 신비한 만남에 관해 쓴 부분을 토대로 이 조각을 만들었다. 테레사는 자신이 어떻게 천사를 보았고, 그 천사가 자신에게 무엇을 했는지 묘사한다.

사랑에
놀라다

천사의 손에 들린 긴 황금 창끝에 작은 불이 있었습니다. 그가 그 창으로 이따금 제 가슴을 찔렀는데, 창이 창자를 뚫고 지나 가는 것 같았습니다. 그가 창을 뺄 때, 창자도 함께 딸려 나오 는 것 같았으며, 온통 하나님의 큰 사랑의 불길에 휩싸이는 것 같았습니다. 얼마나 아팠던지, 신음이 터져 나왔습니다. 그러 나 이 엄청난 아픔의 달콤함이 얼마나 놀라웠던지, 그 아픔이 사라지길 원치 않았습니다. 영혼은 이제 하나님보다 못한 그 무엇으로도 만족하지 못합니다. 그 아픔은 신체적인 것이 아니 라 영적인 것입니다. 하지만 몸도 그 아픔을 느꼈습니다. 이제 영혼과 하나님 사이에 너무도 달콤한 사랑의 애무가 이루어집 니다. 그래서 제가 거짓말을 하고 있다고 생각하는 사람도 이 런 경험을 하게 해 달라고, 선하신 하나님께 기도합니다.[5]

이 글을 읽으면서 조금 불편해하는 사람도 있을지 모르겠다. 우리는 하나님과의 관계에서 에로틱한 언어에 익숙하지 않다. 이것은 사실 많은 사람이 밟지 않은 길이다.

하나님이 욕망되길 욕망하시면 어떻게 되는가? 그러면 하나 님이 조금 저급해지시는가? 하나님이 우리를 **아가페** 사랑뿐 아 니라 **스톨게**와 **필레오**, 그리고 감히 말하건대, **에로스**로 사랑하 시면 어떻게 되는가? 이 조각상이 당신을 불편하게 한다면, 이 개념은 당신을 훨씬 불편하게 하지 않을까 싶다. 내가 매우 존 경하는 신학자 에밀 브루너(1889-1966)는 나와 생각이 다르다.

그는 이렇게 썼다. "하나님이 사랑하신다면, 그분의 사랑은 **에로스**가 아니라 **아가페**다. 그분이 사랑하시는 이유는, 받으려 하지 않고 주길 원하시기 때문이다. … 죄인인 우리는 그분에게 사랑스럽지 않다."[6] 나는 생각이 좀 다르다. 나는 이것이 너무나 많은 그리스도인이 믿는 수치스러운 이야기, 우리가 속까지 썩었고 그래서 브루너가 믿듯이 하나님께 "사랑스럽지 않다"는 이야기에 도전한다는 것을 안다.

(앞에서 분명히 이야기했듯이) 내가 죄악되고 추하며 이기적이라는 점을 부정하지는 않는다. 우리는 모두 이런 상황이다. 그러나 우리는 매일 처음의 세 가지 사랑이 펼쳐지는 것을 숱하게 본다. 즉 죄인들이 다른 죄인들을 **스톨게, 필레오, 아가페**로 사랑한다. 브루너가 옳다면, 나는 결혼 전 상담을 할 때마다 예비부부에게 "파트너가 사랑스럽지 않다는 거 알죠?"라고 말할 책임이 있다.

하나님이 실제로 우리를 좋아하시거나 기뻐하신다고 믿는게 왜 그렇게 어려운가? 예수님은 제자들에게 이렇게 말씀하셨다. "이제부터는 내가 너희를 종이라고 부르지 않겠다. 종은 그의 주인이 무엇을 하는지를 알지 못한다. 나는 너희를 친구라고 불렀다"(요 15:15). 친구가 친구인 것은 서로 좋아하기 때문이다. 친구는 친구에게서 뭔가 사랑스러운 점을 발견한다. 나는 예수님이 마치 실제로 이렇게 말씀하고 계시기라도 하듯이 비꼬셨다고 생각하지 않는다. "나는 안다. 우정이란 누군가를 정말로 좋아하는 마음에 기초하고, 그를 기뻐하기 때문에 그와 함께 있고 싶은 마음에 기초하지. 그러나 너희들은 형편없고 끔찍해서, 너희와 함께 있는 게 기쁘지 않다. 그래도 우리 친구 하자!"

> ● 당신을 향한 하나님의 사랑이 아가페일 뿐 아니라 에로스 이기도 하다는 생각이 당신을 불편하게 하는가? 그렇다 면, 왜 그런가?

우리가 친구나 가족이나 연인을 사랑하듯이 하나님을 사랑할 수 있고 사랑해야 한다고 믿는 게 왜 그렇게 어려운가? 우리가 하나님을 향해 가져야 하는 유일한 사랑은 감정이 배제된 사랑 이어야 하는가? 나는 **아가페** 사랑만으로 하나님을 사랑하는 게 불가능하다. **아가페**는 보답받을 필요 없이 사랑하지만, 나는 보 답으로 하나님의 사랑이 필요하다. 아가페는 사랑스럽지 않은 자를 사랑하지만, 하나님은 내가 만난 가장 사랑스러운 존재다. 그렇다. **아가페**는 사랑받는 사람의 **그 어떤** 사랑스러운 구석도 없이 사랑하지만, 나는 하나님의 **모든 구석**이 사랑스럽다.

> ● 참으로 죄악된 자들이 환영받고 사랑과 애정의 대상이 되 는 유일한 곳은 강하고 흔들리지 않는 하나님 나라다.

위대한
여 정

우리는 믿음과 소망이 신학적 또는 초자연적 덕목임을 살펴보았다. 믿음과 소망이 있으려면 하나님의 행동이 필요하다. 내가 믿음으로 행동하는 이유는 하나님이 신뢰할 만한 분임을 스스로 증명하셨기 때문이다. 내가 소망을 품고 사는 이유는 예수님이 죄와 죽음을 이기셨기 때문이다. 사랑도 다르지 않다. 이러한 사랑은 초자연적이다. 이 사랑은 하나님 나라에서, 지극히 작은 자, 잃어버린 자, 상처 입은 자, 죄인들이 환영받는 곳에서 볼 수 있다. 이 사랑은 이 세상 나라들에서, 두려움과 분리, 의심과 배척이 판치는 곳에서는 볼 수 없다. 참으로 죄악된 자들이 환영받고 사랑과 애정의 대상이 되는 유일한 곳은 강하고 흔들리지 않는 하나님 나라다.

계명에서 잊힌 부분

●

필요의 사랑과 선물의 사랑이 결합된 이 적게 간 길에서 다른 어떤 것보다 중요한 부분이 있다. 가장 큰 계명에서 둘째 부분의 마지막 부분에 나오는 **자기 사랑하기**다. 내 친구 조 데이비스는 영국에 사는 목사다. 그가 최근 내게 이렇게 말했다. "저는 목사님이 쓰신 '선하고 아름다운' 시리즈로 가르치길 아주 좋아합니다. 이미 이 책들로 수백 명을 가르쳤는데, 아주 유익했습니다. 그러나 목사님이 빼먹고 안 쓴 책이 하나 있습니다.《선하고 아름다운 당신》입니다." 조에게 그 이유를 묻자, 그는 이

사랑에
놀라다

렇게 답했다. "어디를 가든 자신을 경멸하는 그리스도인들을 만납니다. 이들은 하나님이 자신들을 사랑하신다는 것은 믿을 수 있지만 자신을 사랑하지는 못합니다."

앞서 다룬 동일한 문제로 거슬러 올라갈 수 있다. 브루너가 말했듯이, "하나님이 사랑할 수 없는" 부패한 죄인이라는 개념에서 시작한다면, 어떻게 우리 자신을 사랑할 수 있겠는가? **아가페**로만 사랑할 수 있다. 하나님은 하나님이며, 그래서 **아가페**로 사랑하실 수 있다. 그러나 이 사랑은 나를 초월한다. 나는 내 안에서 가치 있는 것을 하나도 발견하지 못하고 나 자신을 사랑하는 법을 알지 못한다. 정(情)의 사랑과 우정의 사랑도 다르지 않다. 나는 나의 실패를 너무도 잘 안다. 나는 자신을 벌하는 은사가 있다. 나는 실패마다 자신을 50번은 벌할 수 있다. **하나님이** 내 안에서 사랑스러운 것을 하나도 찾으실 수 없고 그래서 오직 그분이 하나님이기 때문에 나를 사랑하실 수 있다면, **내가** 내 안에서 사랑스러운 것을 하나도 찾을 수 없다면, 나를 사랑하라는 계명을 성취할 소망이 있는가?

● 하나님이 당신을 보시듯이 그렇게 당신이 자신을 보는 법을 배울 수 있는 두세 가지 방법은 무엇인가?

아리스토텔레스(기원전 384-기원전 322)는 유명한 말을 남겼다. "우리가 우리 자신의 가장 좋은 친구여야 한다."[7] 나는 이 말을 사랑한다. 나는 한동안 이 말에 꽂혀 지냈다. 아리스토텔레스의 말에 뿌리를 둔 채, 달라스 윌라드는 사랑을 단순하지만 심오하게 정의한다. "사랑은 다른 사람의 유익을 위하는 뜻을 품고 다른 사람의 유익을 위하여 행동하는 것이다."[8] 내가 자신을 사랑해야 한다면, 내게 유익한 것을 원하고 행해야 한다. 나는 나 자신의 행복을 바라야 한다. 이것은 선하고 옳아 보인다. 그러나 내가 나 자신을 좋아하지 않으면(나는 자기 혐오를 잘 안다), 이것은 거의 불가능하다. 나 자신을 사랑하는 유일한 방법은 나 자신을 하나님이 나를 보시듯이 보는 것이다. 즉 사랑스럽지 않은 쓰레기가 아니라 하나님이 참으로 욕망하시는 사람으로 보는 것이다.

젖과 꿀

●

정신분석학자 르네 스피츠(1887-1974)는 힘들고 비위생적이며 결핍된 환경인 감옥에서 태어나고 자란 아이들에 관한 아주 흥미로운 연구를 했다. 힘든 환경이었지만, 생모가 이들을 키웠다. 그는 이 아이들과 위생적으로 흠잡을 데 없는 환경을 갖춘 편안한 고아원에서 엄마 **없이** 자란 아이들을 비교했다. 이들은 훈련된 보모 밑에서 자랐다. 스피츠는 감옥에서 자란 아이들이 정신 건강과 신체 건강 면에서 '훨씬 낫다'는 것을 발견했다.[9] 요제프 피퍼Josef Pieper(1904-1997)*는 이런 결론을 내린다. "이들

[고아원에서 자란 아이들]은 '젖'은 충분히 받았지만 '꿀'이 부족했다."[10] 그가 말하는 젖이란 기본적인 공급과 보살핌이며, 그가 말하는 꿀은 '존재의 행복'이다. 감옥에서 자란 아이들은 "네가 있으니 얼마나 좋은지 모르겠다"는 말을, 말이나 다른 방식으로 들었다. 반면 풍요 속에 자란 아이들은 그러지 못했다.

달라스 윌라드의 정의가 맞지만, 나는 이 정의가 젖은 주지만 꿀은 주지 못한다고 믿는다. 나는 **아가페** 사랑이 필요하다. 나는 보살핌이 필요하고, 공급이 필요하다. 그러나 나는 다른 사람들이 해 주는 "네가 있어서 너무 좋아!"라는 말도 필요하다. 그리고 나 자신에 대해서도 똑같이 느껴야 한다. 나는 단순히 나 자신에게 선의를 베푸는 것 이상이 필요하다. 나는 자신에게 이렇게 말해야 한다. "짐, 네가 있어서 너무 좋아!" 진심이 담긴 느낌표로 말이다. 이렇게 할수록, 아리스토텔레스의 조언처럼 더욱 "나의 가장 좋은 친구"가 될 수 있다. 하나님도 마찬가지다. "하나님, 당신이 계셔서 너무 좋아요! 너무너무 좋아요." 나는 마주치는 모든 사람과 모든 것을 향해 말해야 한다. "네가 있어서 너무 좋아!" 이 글을 쓰는 지금, 나의 개 윈스턴이 옆에 앉아 있다. 나는 방금 윈스턴에게 말했다. "윈스턴, 네가 있어서 너무 좋구나." 내게로 다가오는 윈스턴은 마치 이렇게 말하는 것 같았다. "나를 쓰다듬어 그 사실을 증명해 주세요."

---

* 독일의 가톨릭 철학자.

위대한
여 정

184

그래서 나는 윈스턴을 쓰다듬었다. 내가 윈스턴에게 주는 젖과 꿀이다.

> ● 나는 아가페 사랑이 필요하다. 나는 보살핌이 필요하고, 공급이 필요하다. 그러나 나는 다른 사람들이 해 주는 "네가 있어서 너무 좋아!"라는 말도 필요하다. 그리고 나 자신에 대해서도 똑같이 느껴야 한다.

우리가 우리를 완성한다: 필레오, 에로스, 아가페
●

에로스와 **필레오** 두 가지 사랑에서 모두 우리는 사랑하는 사람한테서 필요한 무엇인가를 경험한다. C. S. 루이스가 말했듯이, 이런 경험에는 사랑이 **필요하다**. 우리 안에서 **에로스**와 **필레오**가 어떻게든 완성할 수 있는 그 무엇이 있다. 〈제리 맥과이어〉라는 영화에서, 주인공 제리는 싱글 맘 도로시와 사랑에 빠졌다가 벗어나는 것으로 보인다. 이 영화에는 기억하고 인용할 만한 명대사가 수두룩한데, 내가 가장 좋아하는 대사 둘은 거의 마지막에 나온다. 이들의 로맨스가 끝나는 것처럼 보일 때, 제리가 돌아온다. 도로시의 토론 그룹에 불쑥 나타난 그는 "안녕"으로 시작해 어떤 이야기를 한다. 그의 말은 "당신이 나를 완성시켰어요"로 끝난다.

사랑에
놀라다

이것이 **필레오**와 **에로스**가 하는 일이다. 이것들은 우리를 완성시킨다. 이것들이 없으면, 우리는 불완전하다. 말로 먹고사는 제리는 계속 말을 하지만, 도로시는 제리에게 그만하라고 하면서 이렇게 말한다. "'안녕'이란 말로 됐어요." 제리는 그동안 도로시에게 끔찍한 잘못을 저질렀고, 그래서 돌아왔을 때 보상하고 그녀의 사랑을 다시 얻어야 한다고 느꼈다. 그런데 그럴 필요가 없었다. 그는 그저 집에 돌아와야, 더 직접적으로 말하면, "안녕"이라고 말해야 했다. 바로 이때, **필레오**와 **에로스**가 **아가페**와 통합된다. 우리는 용서하고, 부당한 대우를 받는데도 사랑한다.

나를 사랑하는 많은 사람에게 감사한다. 첫째, 하나님의 사랑이 내 삶의 중추적 힘이다. 예수님은 내 친구다. 나는 린다 슈버트(Linda Schubert, 1937-)가 드린 찬양 기도를 좋아한다. "예수님, 나의 배우자 나의 창조자 당신을 찬양합니다."[11] 나는 아버지와 아들과 성령을 가능한 모든 방법으로 사랑한다. 게다가, 28년 동안 내 곁에서 나의 더없는 복이 되어 준 나의 아내 메건이 네 가지 사랑 모두로 나를 사랑한다. 내가 아내를 사랑하듯이. 내가 메건을 처음 만났을 때, 머릿속에 떠오른 유일한 단어는 또 다른 그리스어 단어였다. 허바, 허바(그리스어 단어는 아니지만 틀림없이 **에로스**다). 마침내 우리는 정이 넘치는 부부가 되었다 (**스톨게**). 그리고 우리는 불완전한 인간이기 때문에 무조건적이고 자기희생적이며 보답할 필요 없는 사랑을 크게 확대한다(**아**

위대한
여정

가페).

　여러 해 전, 거실에 앉아 호프를 소프트볼 연습장에 태워다 주려고 기다리고 있었다. 오후 4시 30분이었으나 해가 긴 여름이었기에 거실은 햇살로 가득했다. 그런데 갑자기 천둥이나 총소리 비슷한 큰 소리가 났고, 잠시 후 내 방이 캄캄해졌다. 2년 전에 번개를 맞았던, 이웃집 마당의 70년 된 참나무가 마침내 부러졌다. 부러진 나무는 우리 집 앞뜰로 넘어졌고, 아슬아슬하게 우리 집 지붕을 비켜 갔다. 나는 밖으로 나갔다가 거대한 나무가 우리 집 앞마당을 덮고 있는 광경에 충격을 받았다. 뒤뜰에 있는 창고로 가서 전기톱을 꺼냈다. 그러나 작동하지 않았다.

　다시 앞뜰로 돌아와 밖을 내다보았다. 동네 주민 열여섯 명이 우리 집 앞마당으로 오고 있었다. 구경하러 오는 게 아니었다. 장갑과 연장을 손에 들고 있었다. "도우러 왔습니다." 이들 중 한 사람이 말했다. 나는 눈물이 핑 돌았다. 이들 중 내가 이름을 아는 사람은 겨우 몇 명에 불과했다. 우리는 이들과 가깝지 않았지만, 이따금 동네 파티를 열곤 했다. 놀라웠던 점은 필요할 때 우리를 도우려는 이들의 열망이었다. 곧 글렌이란 이름을 가진 사람이 큰 전기톱을 들고 나와 쓰러진 나무를 해체하기 시작했다. 다른 사람들은 부러진 잔가지를 모아 밖에 내 놓았다. 한 시간 만에 앞뜰은 완전히 깨끗해졌다. 약간의 **필레오** 사랑이었지만 **아가페**에 가까운 사랑이었다. 이들은 무언가 대

가를 기대하며 **우리의 유익을 뜻하고 우리의 유익을 위해 행동한**
게 아니었다. 이들의 섬기는 행위는 우리에게 필요했던 '젖' 같
았으나 어느 정도의 '꿀'과 함께 왔다. 우리가 웃고 얘기하며 함
께 일할 때, 이들이 마치 우리 가족에게 "여러분이 여기 있어서
기뻐요"라고 말하는 것처럼 느꼈다.

오, 그분이 우리를 얼마나 사랑하시는지

●

우리는 모두 요한복음 3장 16절을 안다. 우리 모두 하나님이
우리를 사랑하신다는 것을 안다. 그러나 하나님은 **어떻게** 우리
를 사랑하시는가? 나는 하나님이 아가페 사랑으로만 우리를 사
랑하신다고 했던 에밀 브루너의 생각에 동의하지 않지만, 하나
님이 우리를 어떻게 사랑하시는가—그리고 이것이 무엇을 의
미하는가—에 관한 브루너의 가르침은 감동적이며 진실하다.
브루너는 사랑을 "상대방과 함께 있거나 상대방에게 진정으로
열려 있음"이라고 정의한다.[12] 그러나 우리는 **상대방에게 진정
으로 열려 있는** 상태가 되려고 몸부림친다. 왜? 브루너는 우리
가 사랑하지 못하는 이유를 온전히 현재에 살지 못하기 때문이
라고 말한다. 그리고 그 이유를, 모두가 과거에 대한 죄책감과
미래에 대한 불안에서 비롯되는 일종의 우울증으로 고통당하
기 때문이라고 믿는다.

위대한
여 정

그[우리 모두]는 죄책과 후회가 있는 자신의 과거로부터 자유로울 수 없다. 그리고 미래에 대한 염려와 불안과 두려움으로부터 벗어날 수 없다. 그러므로 그에게는 현재가 거의 없다. 마치 그가 '여기' 없는 것 같다. 그는 '거기', 과거와 미래에 있다.[13]

바로 이 부분에서 예수님의 초자연적 사역이 사랑을 가능하게 한다. 예수님은 우리의 상황을 바꾸신다.

그리스도께서 우리를 우리의 죄책에서 자유하게 함으로써 과거로부터 자유하게 하신다. 우리의 죄책을 자신에게 지움으로써 이렇게 하신다. … 그분은 이렇게 말씀하신다. "그것은 내 것이니 잊어라. 내가 네 과거를 진다. 내가 네 죄책을 진다." 그리스도를 믿는다는 것은 우리의 과거가 십자가 아래서 그리스도 안에 묻힌다는 뜻이다. … 그리스도께서는 이렇게 말씀하심으로써 우리를 우리의 미래로부터 자유하게 하신다. "내가 너의 미래다. 그러므로 너는 염려할 필요가 없다. 너의 미래는 하나님의 뜻 안에서 안전하다. 너의 미래는 하나님과 함께하고 모든 하나님의 백성과 함께하는 영생이다. **너는** 네 미래를 염려할 필요가 없다. 너의 불안과 두려움은 사라질 수 있고, 사라져야 한다! 내가 너의 미래다. 너의 미래는 내 안에서 보장된다."[14]

사랑에
놀라다

브루너는 우리가 이렇게 함으로써, 우리의 과거와 미래로부터 자유하게 되며, 하나님이 그분의 **아가페** 사랑을 부으시는 현재를 자유롭게 살게 된다고 말한다. 우리는 예수님이 우리의 과거를 위해 하신 일을 (은혜로) 믿으며, 예수님이 우리의 미래를 위해 하실 일을 (은혜로) 소망한다. 브루너는 이렇게 하는 가운데 "그리스도의 사랑을 주심으로써, 그리스도께서는 우리를 사랑스럽게 하신다"고 결론을 내린다.[15] 우리는 자유롭게 이웃과 더불어 진정으로 현재를 살 수 있다.

이것은 왜 아가페 사랑이 믿음과 소망처럼 **초자연적으로**만 가능한지 설명해 준다. 우리는 모두 결핍의 상황에 있다. 우리는 모두 불완전하다. 우리 각자는 우리가 통제할 수 없는 과거와 미래에 매여 있다. 사랑스럽지 않은 사람을 사랑하려면, 예수님의 용서와 소망이라는 초자연적 은혜가 필요하다. 홀가분해졌기에, 우리는 이제 완전해지거나 보답받을 필요 없이 사랑할 수 있다. 우리는 현재를 살 수 있다.

성경의 증언

●

대부분의 사람이 요한복음 3장 16절을 암송하지만("하나님이 세상을 이처럼 사랑하사…"), 요한일서 3장 16절을 암송하는 사람은 드물지 않을까 싶다. "그리스도께서 우리를 위하여 자기 목숨을 버리셨습니다. 이것으로 우리가 사랑을 알게 되었습니다. 그러므로 우리도 형제자매를 위하여 목숨을 버리는 것이 마땅합니다." 예수님은 뒤이어 이렇게 말씀하신다. "누구든지 세상 재물을 가지고 있으면서, 자기 형제자매의 궁핍함을 보고도, 마음 문을 닫고 도와주지 않으면, 어떻게 하나님의 사랑이 그 사람 속에 머물겠습니까?"(요일 3:17) 신약성경은 하나님의 사랑이 이웃 사랑과 자기 사랑으로 이어져야 한다고 너무도 분명하게 말한다. 예수님은 우리를 위해 자신의 생명을 내어줌으로써 우리를 사랑하셨으나, 대부분의 사람들은 이렇게까지 사랑할 필요는 없을 것이다. 요한은 가졌으면서 갖지 못한 자를 보고도 주길 거부하면, 하나님의 사랑이 우리 안에 없다는 말로 이것을 잘 표현했다.

예수님은 진정한 제자의 표식도 분명하게 말씀하셨다. "너희가 서로 사랑하면, 모든 사람이 그것으로써 너희가 내 제자인 줄을 알게 될 것이다"(요 13:35). 우리가 서로 사랑하는 것은 영원을 살고 있다는 분명한 표식이다. "우리가 이미 죽음에서 생명으로 옮겨 갔다는 것을 우리는 압니다. 이것을 아는 것은 우리가 형제자매를 사랑하기 때문입니다. 사랑하지 않는 사람은 죽음에 머물러 있습니다"(요일 3:14). 이 세상의 나라는 권력과 지배 위에, 탐욕과 경쟁 위에 세워진다. 이것은 어둠과 죽음의 지배다. 그러나 하나님 나라, 우리가 옮겨 간 나라는(골 1:13) 사랑 위에 세워진다. 이것은 생명의 나라다.

사도 바울이 고린도 그리스도인들에게 쓴 편지에 등장하는

사랑에
놀라다

191

황홀한 단락은 사랑에 관한 성경의 말씀 중 가장 아름다운 말씀일 것이다.

> 내가 사람의 모든 말과 천사의 말을 할 수 있을지라도, 내게 사랑이 없으면, 울리는 징이나 요란한 꽹과리가 될 뿐입니다. 내가 예언하는 능력을 가지고 있을지라도, 또 모든 비밀과 모든 지식을 가지고 있을지라도, 또 산을 옮길 만한 모든 믿음을 가지고 있을지라도, 사랑이 없으면, 아무것도 아닙니다. 내가 내 모든 소유를 나누어 줄지라도, 내가 자랑삼아 내 몸을 넘겨 줄지라도, 사랑이 없으면, 내게는 아무런 이로움이 없습니다 (고전 13:1-3).

영적 은사들은 눈부시고 인상적이다. 산을 옮길 만한 믿음은 경외심을 불러일으킨다. 자신의 모든 소유를 가난한 자들에게 내어주는 것은 칭송할 만하다. 순교는 가장 고귀한 행위다. 그러나 이런 행위들이 사랑에서 비롯되지 않는다면 아무것도 아니다.

◆ 이웃 사랑—그리고 하나님 사랑과 자기 사랑—은 위험한 행위다. 이것은 우리를 어려움에 몰아넣을 수도 있다. 그러나 혁명의 불씨를 당길 가능성이 더 높다.

위대한
여 정

예수님은 복음서 거의 모든 페이지에서 소망으로 이어지는 사랑을 보여 주신다. 삭개오, 우물가의 여인이나 사마리아 여인처럼 사랑받을 자격이 없는 사람들이 용서받고 사랑받는다. 이러한 경우 하나하나에서 용서받고 사랑받는(젖과 꿀) 사람은 변화를 결심한다. 뉘우침보다는 절망에 떠밀려 자기 잘못을 고백하는 탕자까지도 변화의 문턱에 있는 것 같다. 지금 이루어지는 하나님의 용서, 지금 주어지는 하나님의 **아가페** 사랑이 우리 기업의 첫 열매다.

성자들의 사랑
●

기독교의 발흥은 역사의 큰 경이다. 기독교는 열두 명의 작은 그룹으로 시작했지만, 몇 세기 만에 로마제국의 주된 신앙이 되었다. 기독교는 사람들이 종교에서 찾는 일반적인 것을 하나도 주지 않았다. 기독교에는 우리의 필요를 채우기 위해 달래야 할 신들이 없었다. 대부분의 종교, 대부분의 영성은 두 가지를 제시한다. 바로 정체성과 힘이다. 기독교는 대개 사람들이 구하는 방식으로 힘을 제시하지 않았다. "십자가를 지라"는 기독교의 중심 메시지는 우리의 일반적 욕망의 관점에서는 전혀 호소력이 없었다. 디트리히 본회퍼가 대놓고 말했듯이, "그리스도께서는 누군가를 부르실 때 그에게 와서 죽으라고 하신다."[16] 기독교는 대부분의 사람이 구하는 정체성, 곧 "나는 내부자다.

사랑에
놀라다

나는 엘리트다"라는 정체성도 제시하지 않았다. 그렇다면 무엇이 사람들을 이 나사렛 사람의 **길**로 이끌었는가?

바로 사랑이다.

초기 그리스도인들의 삶은 로마제국 사람들의 눈에 기이하게 보였다. 이들은 원하지 않는 아기들, 대개 여아들을 길에 버려 죽게 하는 고대 관습인 **유기**exposure를 금했다. 이들은 공동체가 과부들 같은 가장 힘없는 계층을 돌봐야 한다고 주장했다. 그리스도인 남편은 아내에게 충실하고 그리스도인 아내도 남편에게 충실해야 했으며, 아내나 남편을 버리거나 학대해서는 안 되었다. 그리스도 안에서는 남자와 여자가 따로 없었고, 주인과 종이 따로 없었다. 데이비드 벤틀리 하트(1965-)*는 이렇게 말한다. "이교 사회에서 도움이 필요한 사람들, 남자와 여자, 아이와 노인, 자유인과 종을 똑같이 지속적으로 보살피는 그리스도인들의 넓은 마음에 멀찍하게라도 비견할 만한 것을 전혀 찾을 수 없다."[17] 하트는 이런 사실로 결론을 내린다. "교회는 서구 역사에서 최초로 크고 조직화된 공공복지 기관이 되었다."[18]

율리아누스 황제(재위 AD 361-363)는 마지막 비그리스도인 황제였다. 그는 그리스도인들이 신들을 믿지 않으므로 **무신론자**라고 했다. 그는 이렇게 말했다. "[그리스도인들이] 낯선 자들

---

* 미국 작가이자 신학자.

에게 베푸는 박애, 죽은 자들의 무덤을 보살피는 행위, 거룩한 척하는 삶이 이들의 무신론이 확산된 가장 큰 이유다."[19] 이보다 앞서, 역시 그리스도인이 아니었던 켈수스 황제는 이 겸손하고 특별하지 않은 종교에 대해 조금 걱정하기 시작했다. 그는 그리스도인들에게서 자신을 불안하게 하는 무엇인가를 보았다. 하트는 이렇게 말한다. "켈수스 황제가 평화와 사랑의 복음에 숨겨진 특별히 위험한 무엇인가를 인지하지 않았다면, 그리스도인들을 주목할 가치가 있다고 생각하지 않았을 것이다."[20]

'**위험한**'은 이상한 단어지만, 마크 래버턴Mark Labberton은 탁월한 저서 《이웃 사랑, 그 위험한 행위The Dangerous Act of Loving Your Neighbor》에서 이 단어를 사용한다. 이웃 사랑—그리고 하나님 사랑과 자기 사랑—은 위험한 행위다. 이것은 우리를 어려움에 몰아넣을 수도 있다. 그러나 성 금요일 저녁 6시 무렵 시작된 것과 같은 혁명, 또한 우리 시대에도 일어나고 있는 혁명의 불씨를 당길 가능성이 더 높다.

무엇이 중요한가

●

사랑이 기독교의 핵심 메시지라면, 사랑이 무엇이며 어떻게 사랑하는지 제대로 파악해야 한다. 더 많이 밟은 길, **아가페** 사랑만 허용되는 길은 실망스럽다고 드러날 것이다. 우리는 젖이 필요하지만 꿀도 필요하다. 하나님을 향한 우리의 사랑은 그저

사랑에
놀라다

형식적 섬김이 아니라 뜨거운 열정이어야 한다. 클레르보의 베르나르(1090-1153) 같은 교회의 큰 사상가 중 많은 사람이 아가서는 우리가 하나님을 향해 가져야 하는 사랑을 보여 준다고 믿었다. 여자와 남자가 하나님을 향한 사랑으로 불타는 모습을 본다면 감동적이지 않겠는가?

대속의 불완전한 복음을 넘어서지 못하면 절대로 예수님을 '우리 영혼의 연인'으로 보지 못하고 우리 죄를 위한 희생자로만 보게 된다. 우리는 자신을 사랑스럽게 볼 방법이 없을 테고, 자기 사랑과 이웃 사랑이 매번 힘겨운 도전이 될 것이다. 서로 말과 행동으로 "당신이 여기 있어 멋지네요"라고 뜨겁게 인사를 나누는 그리스도인 공동체를 본다면, 황홀하지 않겠는가?

사랑을 배우다

●

이 장을 시작하면서 우버를 탔다가 얼굴이 화끈거리게 만든 나의 실패담을 이야기했다. 감사하게도, 나의 여정은 끝나지 않았다. 그 경험은 내게 또 다른 기회를 주었다. 자연스러울 수도 부자연스러울 수도 있는 나의 이기심을 되돌아보는 기회 말이다. 내가 하나님 나라에 깊이 들어와 있지 못함을 확인했지만, 그래도 나 자신을 조금 너그럽게 보려 한다. 나는 그때 그 차 안에서 그 여인에게 현재하게present to 되었다. 내가 아주 자연스럽게도 다른 사람들에게 관심이 있었기 때문이 아니라 그녀가 힘든 삶 속에서도 놀라운 미소를 잃지 않았기 때문이다. 나의 여정은 끝나지 않았다. 과거에 대한 하나님의 공급(죄책을 없애셨다)과 미래에 대한 공급(장차 임할 영광에 대한 소망)을 숙고할수록 현재에 대한 하나님의 공급을 더 신뢰할 수 있다. 브루너의 말처럼 이렇게 할 때, "상대방과 함께 있거나 상대방에게 진정으로 열려 있을"수 있다.[21] 내가 비슷한 기회를 갖는다면, 상대방에게 **진정으로 열려 있을** 수 있다. 라운지를 생각하는 대신, 그 택시를 함께 탔던 젊은 여인처럼 자연스럽게 열린 태도를 갖는다면 **온전히 현재를 살** 것이다. 내게 이런 기회가 많을 거라고 상상한다. 당신에게도 많을 것이다.

사랑에
놀라다

영혼의 훈련: 가서 열매를 맺어라

읽을 때, 자주 멈추어 자신이 읽고 있는 글의 의미를 묵상하십시오. 말씀을 빨아들여 말씀이 여러분의 일부가 될 때까지 곱씹고, 숙고하며, 거듭거듭 점검하고, 여러 각도에서 살피십시오.

—낸시 레이 드모스(1958-)

훈련은 아주 단순하다. 복음서 한 단락을 천천히 읽으면서 그 장면을 머릿속으로 그려 보라. 주어진 단락을 읽으면서, 상상력을 발휘해 일어나고 있는 일을 **보라**. 인물, 장소, 광경, 냄새, 소리를 상상해 보라. 이야기 속 구경꾼이 되어 보라. 모든 초점을 예수님께 맞춰라. 그분이 하시는 말씀과 행동에 주목하라. 모든 말씀과 행동에서 그분의 성품이 물결치게 하라. 이 훈련을 하면서 깊이 와 닿는 게 있다면 일기장에 꼭 기록하라.

그리스도 묵상하기

내 계명은 이것이다. 내가 너희를 사랑한 것과 같이, 너희도 서로 사랑하여라. 사람이 자기 친구를 위하여 자기 목숨을 내놓는 것보다 더 큰 사랑은 없다. 내가 너희에게 명한 것을 너

위대한
여 정

희가 행하면, 너희는 나의 친구이다. 이제부터는 내가 너희를 종이라고 부르지 않겠다. 종은 그의 주인이 무엇을 하는지를 알지 못한다. 나는 너희를 친구라고 불렀다. 내가 아버지에게서 들은 모든 것을 너희에게 알려 주었기 때문이다. 이제부터는 내가 너희를 종이라고 부르지 않겠다. 종은 그의 주인이 무엇을 하는지를 알지 못한다. 나는 너희를 친구라고 불렀다. 내가 아버지에게서 들은 모든 것을 너희에게 알려 주었기 때문이다. 너희가 나를 택한 것이 아니라, 내가 너희를 택하여 세운 것이다. 그것은 너희가 가서 열매를 맺어, 그 열매가 언제나 남아 있게 하려는 것이다. 그리하여 너희가 내 이름으로 아버지께 구하는 것은 무엇이든지 다 받게 하려는 것이다. 내가 너희에게 명하는 것은 이것이다. 너희는 서로 사랑하여라(요 15:12-17).

사랑 훈련

●

매일 우리는 사랑을 표현할 기회를 얻는다. 다음은 우리가 사랑을 표현할 수 있는 간단하지만 실질적인 방법이다.

- 오늘 만나는 사람들과 함께하라. 이것은 크지만 흔히 간과되는 사랑의 행위다.
- 당신의 하루를 되돌아보라. 하루를 마무리할 때 이 질문을

사랑에
놀라다

하라. 오늘 언제 사랑을 받고 주었거나 사랑받길 거부하고 사랑하길 보류했는가?

- 부끄러움이 당신에게 어떤 영향을 미치는지 보라. 먼저 언제 부끄러움을 느끼는지 살펴보라. 뒤이어 그 사실을 인정하고 예수님의 얼굴로 눈을 돌리면 도움이 된다. 이런 훈련이 내게 큰 도움이 된다.

위대한
여 정

제8장

더 깊은 기쁨을 발견하다

기쁨은 천국의 중요한 일이다.
— C. S. 루이스

1988년, 나는 처음으로 큰 청중 앞에서 강연할 기회를 얻었다.
책을 많이 쓴 강사가 일곱 명 더 있었다. 강사들 중에 신참이 둘
있었다. 한 사람은 나였고, 또 한 사람은 당시에 젊었던 존 오트
버그(1957-)였다. 콘퍼런스 첫날, 존은 공동체에 관한 얘기를 했
다. 환상적이었다. 재미있고 유익했으며, 성경적이고 감동적이었
다. 훌륭한 강연의 모든 부분이 다 그러했다. 나는 감동했다. 존
의 목회와 강연과 글쓰기가 몇 년 안에 뜨는 것을 보면서 놀라지
않았다. 이튿날, 내가 강연을 했는데 꽤 괜찮게 했다는 생각이 들
었다.

콘퍼런스가 끝난 후, 복도에 서 있는 한 여자를 보았는데, 아
는 사람이었다. 나를 발견한 그녀도 내게 인사를 했으며, 우리
는 가볍게 포옹했다. 나는 그녀의 고향 교회에서 1년간 일했었
다. 그녀가 단지 이 콘퍼런스에 참석하려고 동부 해안에서 서부

위대한
여 정

해안까지 왔다는 것을 알게 되었다. 그녀는 이렇게 말했다. "오늘 강연 너무 좋았어요." 그녀에게 감사하다고 말하자 그녀는 이렇게 말했다. "그런데 존 오토버그 목사님 강연은 제가 공동체에 관해서 들은 강연 중 최고였어요. 정말이지 놀라웠어요!" 나는 그녀의 말에 동의한다고 말했다. 그러자 그녀는 이렇게 말했다. "그래서 그분의 강연 카세트테이프를 사러 가지 않았겠어요(어쨌든 그때는 1988년이었다). 그런데 벌써 다 팔리고 없지 뭐예요. 하지만 목사님 테이프는 하나 샀어요. 목사님 건 많이 있더라고요."

목사님 테이프는 많이 있더라고요.

가슴이 덜컹 내려앉았다. 잠시, 내가 실패자처럼 느껴졌다. 한동안, 나는 존이 부러웠다. 그는 나보다 빛났다. 그는 미래가 창창하고 훌륭하고 전도유망한 젊은이였지만 나는 아니었다. 나를 태우러 오기로 한 차가 있는 곳으로 걸어가면서 낙담하는 순간, 다른 생각이 들었다. 그러자 미소가 지어졌다. 차에 올라 가방을 내려놓고 한숨을 쉬었다. 운전하던 친구가 물었다. "목사님, 어땠어요?" 전에 느껴 보지 못한 감정이 맹렬히 밀려들었다. 웃음이 터져 나왔는데 도무지 멈출 수가 없었다. 내가 느낀 감정을 뭐라고 불러야 할지 몰랐다. 그러나 나중에 그것이 우리 인간이 가질 수 있는 가장 중요한 감정 중 하나라는 것을 발견했다. 기쁨이었다. 이렇게 생각하는 사람이 있을지 모르겠다. '내 생각에는 짐 목사님이 머리가 이상해져서 순간적으로 멘붕

이 온 것 같은데요.' 그 순간이 어떻게 기쁨을 위한 기회가 되었는지 보여 주겠다.

행복과 기쁨

●

행복과 **기쁨**은 성경에서 흔히 동의어로 사용된다. 예를 들면, 에스더 8장 16절이 그렇다. "유대인들에게는 행복과 기쁨, 즐거움과 존귀의 시간이었다"(NIV 직역). 찰스 스펄전(1834-1892) 같은 대설교가들도 두 단어를 동의어로 사용했다. "여러분도 그분께 나오셔서, 그리스도인으로 살아가는 여러분의 삶이 행복으로 가득하고 기쁨으로 넘치길 바랍니다."[1] 행복과 기쁨은 아주 비슷하지만, 똑같지는 않다. 행복은 외부 환경과 연결된다. 자녀가 상을 받을 때, 우리가 뜻밖의 선물을 받을 때, 또는 직장에서 승진할 때, 우리는 행복하다고 느낀다. 따라서 행복은 **일어나고 있는** 일에 달려 있다. **일어나고 있는** 일이 부정적이면, 행복하다고 느끼지 않을 것이다.

기쁨은 행복보다 훨씬 크다. 기쁨은 외부 환경에 의존하지 않는다. 기쁨은 절망스러운 상황에서도 찾을 수 있다. 존의 테이프는 다 팔리고 내 테이프는 다 팔리지 않았다는 얘기를 들었을 때, 나는 행복하다고 느끼지 않았다. 나의 첫 반응은 **불행**이었다. 외적 결과는 내가 원한 게 아니었다. 반대였다면("짐 목사님, 목사님 테이프가 존 목사님 테이프보다 배나 팔렸어요"), 나는 "야

위대한
여 정

호"(우리가 행복한 감정을 표현할 때 사용하는 단어)라고 반응했을 것이다. 나는 행복하지 않았으나 기쁨을 느꼈다. 이런 소식을 들었는데 어떻게 기쁨을 느꼈는가? 그 답을 알려면, 기쁨이 무엇인지 알아야 한다. 기쁨이란 구석구석 배어 있고 변함이 없으며 끝이 없는 행복감이다.

● "기쁨이란 구석구석 배어 있고 변함이 없으며 끝이 없는 행복감이다"라는 말에 동의하는가? 왜 동의하는가?

기쁨은 내어드림에서 흘러나오며, 은혜에서 자라고, 하늘나라와 소통하며, 하나님과 교통하고, 믿음으로 행하며, 소망을 품고 살고, 하나님과 자신과 이웃을 사랑한다. 바꾸어 말하면, 이 책 1-7장은 기쁨으로 이어진다. 진정한 기쁨은 고난과 상실 가운데서도 경험할 수 있다.

어느 기념비적 연구에서, 세 심리학자가 복권에 당첨된 사람들이 사고로 마비된 사람들보다 별로 더 기뻐하지 않는다는 사실을 발견했다.[2] 분명히 기쁨은 외부로부터 오지 **않는다**. 이것이 핵심이다. 기쁨은 우리의 내면에서 온다. 우리의 내적인 삶, 우리의 머리와 가슴이 우리가 기쁨에 열려 있느냐 그렇지 못하느냐를 결정한다. 기쁨을 더 깊이 이해하려면, 성경을 통해 기쁨의 본성을 확실히 알아야 한다. 기쁨은 성경과 성경에 등장하는 사람들의 삶에 자주 등장하는 단어다. 성경적 기쁨과 관련해 내가 가장 좋아하는 예는 사도 바울이다.

바울은 기쁨에, 특히 고난 가운데 기쁨을 발견하는 역설에 관해 두루 썼다. 더 정확히 말하면 기쁨에 힘을 더하는 것이 바로 고난이다. 바울은 믿음의 기쁨(빌 1:25), 소망의 기쁨(살전 2:19), 성령의 기쁨에 관해 썼다(살전 1:6). 무엇보다도, 바울은 **감옥에서** 이른바 '기쁨의 편지'(빌립보서)를 썼다! 여기서 우리는 칼 바르트(1886-1968)가 말하는 '그럼에도 불구하고 맞서는' 기쁨을 발견한다.[3] 이것은 이 세상 것들이 이 기쁨을 죽이지 못하기 때문이다. 이것은 주님 안에서 얻는 기쁨이다.

기쁨의 성인 프란체스코

●

성인들 중에서 아시시의 프란체스코(1181-1226)만큼 기쁨으로 유명한 사람도 없다. 프란체스코는 부유한 집안에서 태어났고, 젊은 시절 바람둥이로 유명했다. 그는 전쟁에 나갔다가 부상을 입었고 회복하는 중에 예수님의 환상을 보았다. 프란체스코는 돈과 섹스와 권력에 빠졌던 삶을 버렸으며, 탁발 수도사로 청빈하게 살라는 소명을 깨달았다. 그러나 그는 진정한 기쁨의 사람이었다. 프란체스코는 기쁨의 비결을 깨달았다. 이 비결을 그의 유명한 〈평화의 기도〉에서 찾을 수 있다.

주님, 나를 당신의 평화의 도구로 써 주소서.

위대한
여 정

미움이 있는 곳에 사랑을
상처가 있는 곳에 용서를
의심이 있는 곳에 믿음을
절망이 있는 곳에 희망을
어둠이 있는 곳에 빛을
슬픔이 있는 곳에 기쁨을 심게 하소서.

주님, 위로받기보다는 위로하며
이해받기보다는 이해하며
사랑받기보다는 사랑하게 하소서.

우리는 줌으로써 받고
용서함으로써 용서받으며
죽음으로써 영생으로 다시 태어나기 때문입니다.[41]

너무나 아름답고 감동적인 기도다. 이 기도가 이렇게 힘 있는 것은 다른 사람들에게 초점을 맞추기 때문이다. 사랑과 용서와 믿음과 희망을 심으며 내어주고 이해하려는 갈망이 기쁨의 비결이다. 기쁨은 자신을 희생해 내어줄 때 온다. 기쁨은 하나님이 행하신 일에 반응해 우리가 하는 일에서 온다. 좋은 소식은 외부 환경에 따라 달라지는 행복을 통제할 수는 없지만, 기쁨에 관해서는 배울 수 있다는 것이다.

더 깊은
기쁨을
발견하다

기도 외에, 성 프란체스코와 그가 **완전한** 기쁨을 정의한 방식에 관한 강렬한 이야기가 있다. 어느 날 프란체스코는 친구 레오 수사와 함께 걷다가 레오에게 완전한 기쁨의 비결을 알려 주겠다고 제안했다. 바울이 고린도전서 13장에서 했듯이, 프란체스코는 사람들이 완전한 기쁨을 가져다주리라 생각하는 온갖 훌륭한 것을 열거한다. 이를테면, 천사의 말을 하거나, 걷지 못하는 자를 걷게 하거나, 보지 못하는 자를 보게 하거나, 세상 모든 지식과 지혜를 갖거나, 예언의 은사가 있어 미래를 아는 것이다. 프란체스코는 이 모든 것이 완전한 기쁨을 주지 못하리라고 말한다. 마침내, 레오 수사가 무엇이 완전한 평화를 주는지 가르쳐 달라고 재촉한다. 프란체스코는 이렇게 말한다.

만약 우리가 비에 흠뻑 젖고 추위에 떨며 진흙탕을 뒤집어쓴 채 주리고 완전히 지친 상태로 천사들의 성모 마리아Saint Mary of the Angels 수도원에 도착했다고 해 보게. 우리가 수도원 문을 두드리는데 문지기가 화를 내며 누구냐고 물을 거야. 우리가 그에게 "우리는 수도사입니다"라고 말했는데 문지기가 화를 내며 "어디서 거짓말이야. 네놈들은 세상을 속이려는 사기꾼이지. 썩 꺼져!"라고 말하고 문을 열어 주지 않고 비와 진눈깨비가 몰아치는 바깥에 세워 둔다고 해 보세. 우리는 밤까지 추위와 배고픔에 떨겠지. 그때 우리가 짜증 내거나 투덜대지 않고, 실제로 우리를 알고 있으며 문지기에게 이렇게 말하게 하신 분이 하나님이라고 겸손하고 너그럽게 믿으면서, 이런 부당함과 잔인함과 경멸을 참고 받아들인다면, 레오 형제, 이것이 완전한 기쁨이라네.[5]

이번에도, 기쁨은 외부 환경에 기초하지 않는 게 분명하다. 프란체스코는 우리가 고난 가운데 부당함을 받아들이고 투덜대지 않으며 겸손과 너그러움으로 살 때 완전한 기쁨을 찾을 거라고 설명한다.

개에게서 기쁨을 배우다

●

믿음과 소망과 사랑처럼, 기쁨도 우리가 만들어 낼 수 없는 **초자연적** 덕목이다. 우리는 오직 하나님 나라에서 진정으로 기뻐할 수 있다. 오직 하나님 나라에서 부당함을 인내로 받아들일 힘을 갖기 때문이다. 하나님 나라에서 내가 안전하고 보호받고 있음을 알고, 내가 공급받고 힘이 있음을 알며, 내가 중요하고 사랑받음을 안다. 세상은 이것들을 줄 수 없고 빼앗을 수도 없다. 이것은 바울이 하나님의 능력은 우리가 **약한 데서** 완전해진다고 할 때 묘사했던 역설이기도 하다(고후 12:9). 그러나 하나님 나라에서 살려면 우리를 내어드려야 한다.

기쁨은 우리가 예수님의 좁은 길로 들어가 그분의 도제로 살면서 늘 그분께 자신을 내어드리고 그분을 의지하기로 선택할 때 시작된다. 기쁨은 우리가 은혜에서 자라고, 위로부터의 삶을 살며, 하나님과 소통하는 대화를 나눌 때 계속된다. 기쁨은 믿음과 소망과 사랑으로 사는 삶에서도 발견된다. 이러한 일곱 가지 훈련이 기쁨을 떠받치며, 기쁨을 가능하게 한다. 예를 들면, 우리가 예수님께 내어드리는 좁은 길을 선택하지 않고 우리의 영역에서 왕이나 여왕으로 남는다면, 기쁨을 갖기란 불가능하다. 왜? 우리는 하나님께 복종하며 살도록 만들어졌기 때문이다.

● 우리는 하나님께 복종해야 하며, 우리가 하는 모든 일에서 하나님을 첫째 자리에 두어야 한다.

첫째 계명은 하나님 앞에서 "다른 신들을 섬기지 못한다"이다(출 20:3). 이것이 인간의 삶이 번성하는 길이다. 하나님 앞에 (돈, 권력, 섹스 같은) 다른 신을 두는 것은 삶을 망치는 길이다. 개 한 마리가 이것을 잘 보여 준다.

개와 소통하는 유명한 도그 휘스퍼러 세사르 밀란은 개는 주인의 권위 아래 있으며, 개가 하는 나쁜 행동은 거의 모두 여기서 비롯된다는 것을 보여 준다. 밀란이 진행하는 〈도그 위스퍼러Whispere with Cesar Millan〉란 텔레비전 프로그램에서 누누라는 작은 치와와 한 마리 이야기가 소개된다. 이 개는 마치 자신이 주인인 것처럼 살고 있다. 침대며, 소파며, 자신의 주인까지도 자기 소유라고 생각한다. 진행자인 세사르 밀란이 들어와 목줄을

맴으로써 이 개에 대한 권위를 장악한다. 그가 얌전하고 단정적인 에너지라고 부르는 것을 투입하자 개가 반응을 잘한다. 그러자 세사르는 이 개의 주인들에게 똑같이 해 보라고 한다. 20분 만에 누구는 얌전해지더니 짖거나 물지 않으며 영역을 주장하지도 않는다. 대단히 흥미로운 광경이다.

개는 자신이 우두머리가 아님을 본능적으로 안다. 그러나 자신이 우두머리라고 생각할 때, 못된 짓을 할 것이다. 개가 주인의 권위 아래 있을 때, 얌전해진다. 우리도 마찬가지다. 우리는 하나님께 복종해야 하며, 우리가 하는 모든 일에서 하나님을 첫째 자리에 두어야 한다. 우리 삶의 주인은 우리라고 외친다면, 우리의 본성을 거스르는 것이다. 그러나 내어드림의 좁은 길을 걷고, 하나님을 첫째 자리에 두며, 하나님의 뜻에 순종하기로 선택할 때, 우리는 우리의 영혼이 번성하는 데 필요한 바로 그 자리에 있다. 이렇게 되면, 은혜에서 자라고, 위로부터의 삶을 살며, 하나님께 귀 기울이는 게 가능해진다. 그러면 믿음과 소망과 사랑이 이 관계에서 실행될 수 있다. 그러면 기쁨이 가능해질 뿐 아니라 필연이 된다.

기쁨이 넘치는 사람들의 다섯 가지 훈련

●

내 테이프가 덜 팔렸다는 소식을 듣고도 기쁨을 경험했던 한 가지 이유는 하나님이 가장 중요함을 그 순간 깨달았기 때문이었다. 존처럼 나도 하나님을 영화롭게 하려고 최선을 다했다는 게 중요하다. 테이프 판매는 중요하지 않다. 달라스 윌라드는 목회자에게 가장 중요한 것은 자신이 경쟁자로 여기는 사람들의 성공을 위해 기도하는 것이라는 말을 자주 했다. 왜 이것이 **가장** 중요하냐고 물었을 때, 윌라드는 이렇게 답했다. "그렇게 할 수 있을 때, 우리는 하나님 나라와 조화를 이룰 수 있기 때문이지요." 내가 조용히 혼잣말로 '존이 잘되길'이라고 했던 순간, 기쁨의 첫 물결이 내 안에 밀려들어 왔다.

이 책에서 이미 다룬 기쁨의 기본 기둥 일곱 개 이외에, 다섯 가지 훈련이 우리의 삶에 기쁨을 붙박는 데 도움이 된다.

- 연결
- 받아들임
- 관점 바꾸기
- 감사
- 베풂

이 훈련들을 하나씩 간략하게 설명하겠다.

연결. 우리는 모두 서로 연결되어 있다. 이것이 현실이다. 우리가 거의 매일 믿는 거짓말이 있다. 우리는 혼자이고 단절되어 있으며, 그래서 파이에서 우리 몫을 챙기려고 경쟁한다는 것이다. 다른 사람들이 우리와 단절되어 있다고 볼 때, 그들은 우리에게 위협이 된다. 다른 사람들이 우리와 연결되어 있고 우리의 일부이며 서로 의존한다고 볼 때, 더는 위협이 없다. 이제 우리는 모두 동맹이기 때문이다.[6] 이런 까닭에, 예수님은 우리에게 원수를 사랑하라고 명하신다. 우리를 원수로 여기는 사람들을 사랑하길 배울 때, 그들은 더 이상 우리의 원수가 아니다.

나는 자기중심적 태도와 싸웠다. 초점을 내게서 타인에게로 옮기려 열심히 노력해야 했다(지금도 마찬가지다). 비틀스의 노래 〈아이 미 마인I Me Mine〉은 자신에게 초점 맞추기의 좋은 예다. 조지 해리슨(1943-2001)*은 비틀스가 부유하고 유명해진 후 부와 명성이 자신을 행복하게 해 주지 못함을 깨닫고 이 곡을 썼다. 연결과 공감은 **우리, 우리의, 우리의 것**we, us, ours에 관한 것이다. 존 오트버그와 내가 형제이며 우리는 믿음으로 연합되어 있음을 깨달았을 때, 기쁨이 몰려왔다. 그의 고난이 나의 고난이 듯, 그의 성공이 나의 성공이다. 연결은 공감으로 이어진다.

받아들임. 기쁨의 열쇠는 상황을 있는 그대로 받아들이는 것이다. 우리는 있는 그대로를 좋아하지 않을지 모르며, 상황을 바꾸려 노력해야 할는지 모른다. 나는 라인홀드 니버(1892-1971)의 〈평온을 비는 기도〉에 담긴 지혜를 자주 생각한다. 대

---

* 비틀스의 기타리스트.

더 깊은
기쁨을
발견하다

부분 첫 몇 줄은 알지만 기도문 전체를 알지는 못한다. 사실 이 기도문은 생각보다 훨씬 심오하다.

> 하나님, 우리에게 은혜를 베풀어
> 바꿀 수 없는 것은 받아들이는 평온을,
> 바꿔야 하는 것은 바꾸는 용기를,
> 둘을 분별하는 지혜를 주소서.
>
> 한 번에 하루를 살며,
> 한 번에 한 순간을 누리고,
> 고난을 평화에 이르는 길로 받아들이며,
> 죄로 가득한 세상을 내가 원한 대로가 아니라
> 예수님처럼
> 있는 그대로 받아들이게 하시고,
> 나를 당신의 뜻에 내어드리면
> 당신께서 모든 것을 바로 세우시리라 믿게 하소서.
> 그리하여 내가 이 땅에서는 합당하게 행복하고
> 저세상에서는 영원히 당신과 함께 더없이 행복하게 하소서.
> 아멘.[7]

기도의 첫 부분은 평화를 구하고, 우리가 바꿀 수 없는 것을 받아들이길 구하며, 우리가 바꿀 수 있는 것들은 바꿀 용기를 구하고, 둘의 차이를 아는 지혜를 구한다. 그러나 기도의 끝부분은 어려움을 받아들이고 하나님이 "모든 것을 바로 세우시리라"는 믿음을 포함한다.

● 우리가 처한 상황을 받아들이기가 왜 그렇게 어려운가?

나는 우리 딸 매들린이 염색체 장애를 안고 태어났을 때 이렇게 삶에 접근하는 법을 배웠다. 우리는 건강한 딸을 위한 계획을 세웠다. 모든 게 계획대로 진행되어 매들린이 정상적으로 성장해 어느 날 걷고 말을 하리라고 기대했다. 그러나 그렇게 되지 않았다. 상황은 우리 계획대로 전개되지 않았다. 대신에 우리는 뭔가 다른 것을 얻었다. 매들린이 태어난 지 1년이 다 되었을 무렵, 누군가 우리에게 에밀리 펄 킹즐리Emily Perl Kingsley* 의 글을 건넸다. 에밀리의 아들은 자폐증을 안고 태어났다. 에밀리는 뜻하지 않게 변경된 계획을 변경된 휴가 계획에 비유한다.

아기를 갖는 것은 이탈리아 여행 같은 기막힌 휴가를 계획하는 것과 같다. 당신은 안내 책자를 잔뜩 사고 멋진 계획을 세운다. 콜로세움. 미켈란젤로의 다비드 상. 베니스의 곤돌라. 당신은 유용한 이탈리아어 표현도 몇 가지 익힌다. 모든 게 심히

---

* 1940- , 미국 작가.

흥분된다.

기대에 부풀어 준비한 지 몇 달 후, 마침내 그날이 온다. 당신은 짐을 꾸려 떠난다. 몇 시간 후, 비행기가 착륙한다. 스튜어디스가 와서 말한다. "네덜란드에 오신 걸 환영합니다." "네덜란드라고?!" 당신이 놀라서 말한다. "네덜란드라니 그게 무슨 말이에요? 나는 이탈리아행 티켓을 끊었다고요! 이탈리아에 있어야 해요. 평생의 꿈이 이탈리아 여행이라고요."

그러나 비행 계획이 바뀌었다. 비행기는 네덜란드에 착륙했고 당신은 그곳에 머물러야 한다. 중요한 것은 비행기가 당신을 전염병과 기근과 질병이 들끓는 끔찍하고 역겨우며 더러운 곳에 데려다주지 않았다는 것이다. 그냥 다른 곳일 뿐이다.

따라서 당신은 나가서 새로운 안내 책자를 사야 한다. 그리고 전혀 새로운 언어를 배워야 한다. 전혀 만나 보지 못한 완전히 새로운 사람들을 만날 것이다. 그냥 다른 곳일 뿐이다. 이탈리아보다 다소 천천히 돌아가고, 이탈리아만큼 화려하지 않은 곳. 그러나 그곳에 도착하고 잠시 한숨을 돌린 후, 당신은 주위를 둘러본다. … 그리고 네덜란드에 풍차가 있고 … 튤립이 있다는 게 눈에 들어오기 시작한다. 네덜란드에는 렘브란트가 있다.

그러나 당신이 아는 사람들은 모두 이탈리아를 오가느라 바쁘다. … 그들은 모두 이탈리아에서 보낸 멋진 시간을 자랑한다. 남은 평생, 당신은 이렇게 말한다. "그래요. 나도 거기 가

위대한
여 정

216

려고 했어요. 그게 내 계획이었다고요."

그 아픔은 절대, 절대, 절대 사라지지 않을 것이다. … 그 꿈
을 이루지 못한 것은 너무, 너무 큰 상실이기 때문이다.

그러나 … 당신의 인생을 이탈리아에 가지 못했다는 사실을
한탄하며 보낸다면, 네덜란드에 관한 매우 특별하고 매우 사
랑스러운 것들을 절대로 누리지 못할 것이다.

이 글은 메건과 내가 우리 딸 매들린을 어떻게 느꼈는지 보
여 준다. 우리는 매들린에게 가졌던 꿈이 사라진 것을 절대 극
복하지 못할 것이다. 그러나 매들린의 짧은 삶에는 우리에게 특
별한 축복이었던 것이 아주 많았다. 받아들임은 기쁨을 누리는
필수적 요소다. 우리는 상황이 우리의 바람대로 전개되지 않는
다는 사실에 악을 쓰고 대들 수도 있고, 이것을 받아들이고 관
점을 바꿀 수도 있다. 당신의 상황을 받아들이기 전에는 그 상
황을 보는 관점을 바꿀 수 없다.

관점 바꾸기. 셋째 훈련은 관점 바꾸기다. 이것은 파괴적 감
정들을 찾아내는 법을 배우는 데서 시작한다. 내 경우, 가장 좋
은 방법은 두려움과 불안에 주목하는 것이다. 분명한 사실은, 하
나님이 우리에게 두려움과 불안을 우리를 보호하는 수단으로
주셨다는 것이다. 두려움과 불안은 뭔가 제대로 되지 않는다는
경고를 보낸다. 그러나 우리는 절대 그 상태에 머물러서는 안 된

다. 두려움과 불안은 실제로 아무 유익이 없다. 예수님이 이것을 가장 잘 말씀하셨다. "너희 가운데서 누가, 걱정을 해서, 자기 수명을 한순간인들 늘일 수 있느냐?"(마 6:27) 불안과 걱정을 느낄 때, 상황을 하나님 나라의 빛으로 다르게 볼 수 있다.

에디스 에바 에거Edith Eva Eger*는 이와 관련된 강력한 예다. 그녀는 뉴멕시코와 텍사스에 걸쳐 자리한 포트 블리스(미 육군 기지)의 어느 병원으로 두 군인을 병문안 갔을 때의 이야기를 들려준다.[8] 둘 다 전투에서 중상을 입어 하반신이 마비되었다. 의학적으로, 두 사람은 같은 진단을 받았고 예후가 같을 거라 예측되었다. 둘 중에 톰은 태아 자세로 누워 자신의 인생을 향해 악을 쓰고 대들며 운명을 한탄하고 있었다. 또 한 사람 척은 침대에서 나와 휠체어에 앉아 있었다. 척은 인생에서 두 번째 기회를 얻은 느낌이라고 말했다. 누군가 밀어 주는 휠체어를 타고 정원을 돌던 척은 자신이 꽃과 더 가까워졌고 아이들의 눈을 곧바로 들여다볼 수 있다는 생각이 번뜩 들었다. 그는 비극적 상황에서 관점을 바꾸고 기쁨을 찾을 수 있다.

우리는 일어난 일을 받아들이지만, 하나님이 저주를 축복으로 바꾸시길 기대하며 상황을 보는 관점을 바꾼다. 오랜 세월, 우리 집 냉장고에는 17세기 일본의 시인이자 사무라이였던(시인과 사무라이라니, 아주 멋진 조합이지 않은가!) 미즈타 마사히데水田正秀

---

* 1927- , 헝가리 출신 작가.

(1657-1723)의 글이 새겨진 자석이 붙어 있었다. "외양간이 불타 무너지니 이제야 달이 보이는구나."

뭔가 안 좋은 일이 일어났으나(외양간이 불탔다), 거기서 뭔가 좋은 게 나올 수 있다(이제야 달이 보인다). 관점을 바꾸면 트라우마가 성장으로, 부정적 사건이 변화로, 저주가 축복으로, 슬픔이 기쁨으로 바뀐다. 삶의 폭풍을 견딜 수 없다면 그것은 기쁨이 아니다.

감사. 그다음 기쁨 훈련은 감사다. 우리의 삶에 감사거리가 차고 넘친다. 나는 훈련을 통해 감사를 배웠다. 친구 데이비드 넬슨이 내게 '감사 쟁반'을 만들어 주었다. 데이비드는 목공인으로, 믿음의 여정에서 사람들을 돕는 물건을 만들길 좋아한다. 조그마한 나무 쟁반인 감사 쟁반은 안쪽에 동그랗게 접시 두 개를 깎아 만들었다. 접시 한쪽에는 파바콩이 15개 정도 있다. 이 훈련을 할 때, 나는 콩 하나를 집어 손에 들고 감사거리 하나를 생각한다. 잠시 후, 나는 "주님, 감사해요"라고 말하고 그 콩을 빈 접시에 놓는다. 콩이 한쪽 접시에서 다른 쪽 접시로 다 옮겨질 때까지 계속한다. 30분쯤 걸릴 수 있다. 나는 아침 식사 후 이 훈련을 하길 좋아한다. 감사 쟁반을 만들어 준 데이비드에게 자주 감사하지만, 그의 삶에 넘치는 기쁨에도 감사한다. 처음 데이비드를 만났을 때, 그는 생명을 위협했던 뇌종양에서 회복되고 있었다. 데이비드는 뇌종양 때문에 주저앉는 대신 감사 훈련이 기쁨으로 이어질 수 있음을 깨달았다.

감사가 우리에게 무엇을 해 주는가? 감사는 우리를 모든 부분에서 바꿔 놓는다. 인격 부분에서 나는 덜 자기중심적이고 더 영적인 마인드를 갖게 된다. 신체 부분에서 나는 긴장을 풀고 스트레스를 덜 느낀다. 이 모든 것의 누적 효과가 기쁨이다. 내 삶의 문제들에 우선적으로 초점을 맞춰서는 안 된다는 것을 깨닫는다. 감사를 훈련함으로써 이 문제들을 다시 보게 된다. 문제들이 더 작아 보이고 더 해결 가능해 보인다. 짐을 세는 대신에 복을 셀 때, 기쁨은 자연스러운 부산물로 따라온다.

> ● 받아들인다는 것이 더는 현실과 싸우지 않는다는 뜻이듯이, 감사는 현실을 포용한다는 뜻이다.

또 하나 유익한 훈련은 감사하며 하루를 시작하는 것이다. 일어날 때, 나는 이렇게 말하길 좋아한다. "이렇게 또 하루를 주시니 얼마나 감사해. 내 삶은 소중해. 허비하지 않을 거야!" 침대에서 나오기 전에라도, 이것이 나의 태도를 빚는다. 받아들인다는 것이 더는 현실과 싸우지 않는다는 뜻이듯이, 감사는 현실을 **포용한다**는 뜻이다.[9] 감사해야 할 게 너무나 많지만, 감사는 길러야 하는 습관이다. 감사를 훈련할수록 감사가 더 자연스러워지고 더욱 일상적인 체질이 된다.

위대한
여 정

베풂. 마지막 기쁨 훈련은 베풂이다. 베풂은 풍족하다고 느끼는 데서 온다. 나는 가졌고, 그래서 줄 수 있다. 내가 연결되었다고 느낄 때, 내 삶에서 바꿀 수 없는 것들을 받아들였을 때, 내 삶의 사건들을 보는 관점을 바꿨을 때, 감사하며 살 때, 나는 '넘치는' 상태다. 우리는 시간이든 달란트든 보화든 나눌 때, 하나님 나라와 조화를 이룬다. 우리는 흐르는 상태다. 기분이 아주 좋다. 기쁨이 몰려온다.

> ● 당신은 자신이 가진 것을 베푸는가? 당신은 다른 사람들에게 쉽게 주는 편인가? 왜 그런가, 또는 왜 그렇지 않은가?

우리 가족은 매년 추수감사절에 터치 풋볼이란 걸 한다. 때로 경쟁이 과열될 수도 있다. 그러나 조금은 열을 식히는 법을 배웠다. 특히 가족 중에 어린아이들과 이 게임을 할 때 그런 과정이 필요했다. 우리 가족 중에 맥스는 여섯 살 때부터 우리와 이 게임을 해 왔다. 처음에는 맥스가 공을 차게 해 주는 게 전부였다. 하지만 맥스는 이게 재미없었다. 여덟 살이 되었을 때, 맥스는 저녁 먹는 자리에서 이런 식으로 하는 건 재미없어서 이 게임을 하고 싶지 않다고 말했다. 우리는 맥스에게 한 번만 더 하자고 했다. 운동장에서 맥스에게 달려가서 공을 잡아 보라고 했다. 맥스는 어린 데다 약간 겁을 먹었기에, 모두 맥스가 터치다운을 하게 해 주기로 (말없이 눈짓으로) 결정했다. 나는 공을 맥

더 깊은
기쁨을
발견하다

스에게 패스했다. 맥스는 공을 잡고 달리기 시작했다. 사촌들이 하나씩 그를 추격하며 몸을 날려 그에게 태클을 했지만 허사였다. 맥스는 기뻐하며 질주했고, 그 애가 엔드 존에 이르렀을 때 우리는 모두 환호성을 올렸다. 맥스는 이렇게 소리치기 시작했다. "정말 최고였어요!" 열 번 플레이를 할 때마다, 나는 "맥스, 간다!"라고 외쳤고 모두 무엇을 해야 하는지 알았다. 맥스는 그날 터치다운을 네 번 했고, 집으로 돌아오는 길에 이렇게 말했다. "짐 삼촌, 풋볼 매일 하고 싶어요."

우리는 별로 한 게 없지만 내게는 최고의 날이었고, 실제로 우리가 했던 최고의 풋볼 게임이었다. 모두 목표는 하나였다. 맥스를 즐겁게 해 주는 것이었다. 우리도 이 게임이 즐거웠다. 베풂은 이렇게 기쁨을 낳는다. 데스몬드 투투(Desmond Tutu, 1931-2021) 주교는 이렇게 말했다. "우리의 가장 큰 기쁨은 다른 사람의 유익을 구하는 것이다."[10] 예수님은 이렇게 말씀하셨다. "주는 것이 받는 것보다 복이 있다"(행 20:35). 주는 것이 받는 것보다 복이 있는 이유는 줄 때 기쁨을 얻기 때문이다.

무엇에 달렸는가

●

달라스 윌라드는 언젠가 강의에서 "기쁨은 유혹을 막는 큰 방어벽입니다"라고 말했다. **방어벽**bulwark은 내가 훌륭한 루터교 찬송가 〈내 주는 강한 성이요〉에서 노래했던 단어였으나 들어본 단어가 아니었다. 그래서 사전을 찾아보았다. "방어를 위해 세운 견고한 벽 같은 구조물." 달라스의 말은 기뻐하는 사람을 유혹하기란 힘들다는 뜻이다. 기쁨은 유혹이 뚫지 못하는 두꺼운 벽 같다. 나는 이것이 사실임을 발견했다. 나는 이 위대한 여정에서 하나님 나라에 깊이 들어와 살 때 기뻐한다. 기뻐할 때, 죄와 유혹에 거의 난공불락이다. 당신이 기뻐할 때, 죄는 어리석어 보인다. 반대로, 슬픔은 우리를 온갖 유혹에, 심지어 매력적이지 않은 유혹에도 약하게 만든다.

우리는 기쁨을 위해 지음받았다. 기쁨은 우리의 건강과 관계를 비롯해 우리 삶의 모든 부분에서 유익하다. 우리는 기뻐하는 사람들에게 둘러싸이고 싶어 한다. 기뻐하는 사람들은 전염성이 있다. 이들이 가진 것을 나도 갖고 싶다. 세상은 그리스도인들이 예수님의 기쁨을 누리며 사는 모습을 보려고 기다린다. 일단 이런 모습을 보면, 세상도 이 기쁨을 원할 것이다. 기쁨은 우리의 삶을 활기차게 할 뿐 아니라, 우리가 복음을 전하는 가장 효과적인 방법이다.

● 세상은 그리스도인들이 예수님의 기쁨을 누리며 사는 모습을 보려고 기다리고 있다. 일단 이런 모습을 보면, 세상도 이 기쁨을 원할 것이다. 기쁨은 우리의 삶을 활기차게 할 뿐 아니라, 우리가 복음을 전하는 가장 효과적인 방법이다.

더 깊은
기쁨을
발견하다

존 오트버그의 테이프가 내 테이프보다 많이 팔렸던 사건이 있은 지 여러 해가 지난 후, 나는 존과 함께 영상을 찍고 있었다. 우리는 그날 늦게 영상을 찍기로 되어 있었기에, 존과 나는 긴 시간 느긋하게 아침을 먹었다. 우리는 가족, 인생, 읽고 있는 책 등에 대해 이야기를 나누었다. 어느 시점에, 나는 존에게 카세트테이프 얘기를 했다. 둘 다 웃었다. 그리고 존이 이렇게 말했다. "그건 내가 강연에서 죽을 쑬 거라고 생각해서, 테이프를 몇 개만 만들었기 때문일걸요. 그래서 그렇게 빨리 매진된 거예요. 세 개밖에 없었거든요!" 우리는 다시 웃었다. 그곳에 기쁨의 느낌이 있었다.

위대한
여 정

영혼의 훈련: 복을 받았고

'묵상하다'에 해당하는 히브리어 단어는 생각에 몰두한다는 뜻이다. 읽기가 빠진 묵상은 잘못된 것이며 오류에 빠진다. 묵상이 빠진 읽기는 메마르고 열매가 없다.
—토머스 왓슨(1874-1956, IBM 회장)

훈련은 아주 단순하다. 복음서 한 단락을 천천히 읽으면서 그 장면을 머릿속으로 그려 보라. 주어진 단락을 읽으면서, 상상력을 발휘해 일어나고 있는 일을 보라. 인물, 장소, 광경, 냄새, 소리를 상상해 보라. 이야기 속 구경꾼이 되어 보라. 모든 초점을 예수님께 맞춰라. 그분이 하시는 말씀과 행동에 주목하라. 모든 말씀과 행동에서 그분의 성품이 물결치게 하라. 이 훈련을 하면서 깊이 와 닿는 게 있다면 일기장에 꼭 기록하라.

그리스도 묵상하기

그 무렵에, 마리아가 일어나, 서둘러 유대 산골에 있는 한 동네로 가서, 사가랴의 집에 들어가, 엘리사벳에게 문안하였다. 엘리사벳이 마리아의 인사말을 들었을 때에, 아이가 그의 배 속에서 뛰놀았다. 엘리사벳이 성령으로 충만해서, 큰 소리로

더 깊은
기쁨을
발견하다

외쳐 말하였다. "그대는 여자들 가운데서 복을 받았고, 그대의 태중의 아이도 복을 받았습니다. 내 주님의 어머니께서 내게 오시다니, 이것이 어찌된 일입니까? 보십시오. 그대의 인사말이 내 귀에 들어왔을 때에, 내 태중의 아이가 기뻐서 뛰놀았습니다. 주님께서 하신 말씀이 이루어질 줄 믿은 여자는 행복합니다."(눅 1:39-45).

기쁨 훈련

●

감사 쟁반. 내가 이 장에서 언급했던 것과 같은 감사 훈련을 해 보라. 실제 쟁반이나 콩을 준비할 필요는 없다. 구슬, 단추 같은 작은 물건과 작은 그릇을 사용하면 된다.

10분간 다른 사람들의 행복을 생각하라. 천천히 열 번 숨을 들이쉬고 내쉬라. 그런 다음, 당신이 아는 사람을 생각하라. 숨을 쉴 때마다 조용히 이렇게 기도하라.

- 하나님이 _____에게 복을 주시길.
- _____이/가 오늘 잘되기를.
- _____이/가 오늘 기쁨과 평화를 찾기를.

위대한
여 정

내가 이 책을 헌정한 당사자인, 돌아가신 달라스 윌라드 박사님께 감사를 드리고 싶다. 나는 달라스와 많은 시간을 보내면서 소중한 가르침을 받았다. 이 책의 아이디어도 달라스의 저작에서 나왔다. 위로부터의 삶, 은혜에서 자람, 믿음으로 행함 등을 가장 먼저 가르쳐 준 분도 달라스였다. 내가 그분의 큰 유산을 계승할 수 있길 바란다.

함께 이 책을 만들고 유익한 피드백과 멋진 아이디어를 아끼지 않은 두 그룹의 사람들에게도 감사하고 싶다. 첫째 그룹은 매트·캐서린 존슨, 타일러·캐리사 바우어스, A. J. 코셀, 크리스토퍼 스완슨, 머나 크레이그, 크리스틴 웨이드, 로비 로즈, 더비 센터스다. 둘째 그룹은 캔자스주 엘도라도에 있는 존 캐럴이 이끄는 호프 커버넌트 교회다. 여기에는 앨리슨 바커스, 데이비드 힌튼, 셸리 라이스위그, 매디 예거가 포함된다.

이 책을 쓰는 내내 인도와 격려를 아끼지 않은 나의 편집자 신디 번치에게, 내가 들어야 하는 솔직한 피드백을 아끼지 않은 캐서린 헬머스에게도 감사하고 싶다.

늘 그러듯이, 이 책을 쓰는 내내 나를 응원해 준 아내 메건, 아들 제이컵, 딸 호프에게 감사하고 싶다. 마지막으로, 이 책을 쓰는 동안 내 의자 옆에 누워 있었을 뿐 아니라 내가 이 책에서 사용한 하나님 나라 삶의 여러 예까지 안겨 준 나의 개 윈스턴에게도 감사하고 싶다.

위대한
여 정

1장: 내어드림의 길

준비

1장은 예수님의 도제徒弟 생활의 첫걸음으로 내어드림이 중
요함을 말한다. 내어드림surrender이란 단어를 들을 때, 각자 머
릿속에 떠오르는 생각을 나누면서 모임을 시작하라. 그룹으로
이 장을 토의할 때, 이런 생각들에서 정보를 얻어라.

탐색

1. 저자는 1장을 열면서 자신이 침묵 피정 중에 하나님께 내
   어드리려 몸부림쳤던 이야기를 들려준다. 자신을 하나님
   께 내어드렸던 때를 떠올릴 수 있는가? 있다면, 무엇 때문
   에 그렇게 했는가? 그 순간이 당신의 삶을 어떻게 바꿔 놓

았는가? 하루하루 하나님께 내어드린다는 게 무슨 뜻이겠는가?

2. 헨리 오사와 타너의 〈수태고지〉라는 그림에 관해, 저자는 "내가 이 그림을 사랑하는 것은 이 그림이 단순하고 평범하기 때문이다"라고 말한다. 이 그림을 볼 때 무엇이 눈에 들어오는가? 이 그림에서 마음에 드는 장면이 있다면 무엇인가?

3. 마태복음 7장 13-14절에 나오는 예수님의 가르침에 반응해, 스미스는 "좁은 문으로 들어간다는 것은 예수님의 도제로 살고, 그분의 모든 가르침에 순종하겠다는 선택이다"라고 말한다. 예수님의 도제가 된다는 설명은 당신이 이전에 배운 것과 어떻게 비교되고 대비되는가?

4. 저자는 내어드림과 위대한 여정의 관계를 설명하면서 이렇게 말한다. "예수님께 내어드리고 순종하는 삶은 어렵다. 자신에 대해 죽고 자기 십자가를 지는 것은 '어려운'(비좁은) 길이지만 '생명으로 이끄는' 길이다." 이것은 "흔들리지 않는 하나님 나라에서 사는 위대한 여정으로 이어진다." 당신의 여정에서 이 말이 진실임을 목격했는가? 그렇다면, 그 모습이 어떠했는가?

5. 달라스 윌라드는 제자가 되지 않는 삶을 '변함없는 평화, 사랑, 믿음, 소망, 능력, 풍성한 삶, 영혼의 쉼'과 같은 것들을 잃는 것으로 설명한다. 이러한 풍성한 삶의 요소 중 당

위대한
여 정

신의 여정에서 키우고 싶은 것은 무엇인가?

집중

성경 묵상. 각 장의 끝에 제시된 '영혼의 훈련'은 성경 단락을 묵상하라며 우리를 초대한다. 1장은 누가복음 1장 26-38절을 묵상 구절로 제시한다. 그룹이 함께 누가복음 1장 26-38절을 소리 내어 읽은 후 다음 질문을 두고 함께 토론하라.

1. 누가복음 1장 26-38절을 묵상할 때, 무엇(시각, 후각, 청각)에 주목했는가?
2. 가브리엘 천사나 마리아의 말 중에 특별히 다가온 점이 있는가? 있다면 무엇인가?
3. 이 이야기 속에 들어가 보았을 때, 무엇을 느꼈는가?
4. 이 단락에서 받아들이거나 발견하도록 하나님이 당신을 초청하고 계시다고 느끼는가? 그렇다면 어떤 부분인가?

내어드리는 훈련. 저자는 내어드림을 촉진하는 세 가지 훈련을 제안한다. 웨슬리의 〈언약 기도〉, 이그나티우스의 〈수스키프 기도문〉, 타너의 〈수태고지〉 그림을 묵상하는 것이다. 당신은 이러한 훈련들에 참여했는가? 그렇다면, 셋 중 어디에 참여했는가? 세 기도나 그림을 묵상하면서 무엇을 발견했는가? 이 내어드리는 훈련은 당신에게 어떤 영향을 미쳤는가?

스터디
가이드

마무리

로욜라의 성 이그나티우스가 드린 기도를 소리 내어 읽으면서 모임을 마무리하라.

주님, 나의 모든 자유를,
나의 기억을, 나의 이해를, 나의 모든 의지를 받으소서.
나 자신의 전부와 내가 가진 모든 것을,
당신께서 주셨습니다.
이 모든 것을 당신께 내어드리니,
당신의 뜻대로 사용하소서.
내게 당신의 사랑과 은혜만 주소서.
당신의 사랑과 은혜만 있으면,
나는 더없이 부유해지고 더는 아무것도 바라지 않으리이다.
아멘.

2장: 은혜와 지식에서 자라다

준비

저자는 2장을 시작하면서 예수님에 대한 믿음에서 결국 자기 믿음을 발견한 딸의 이야기를 들려준다. 당신이 예수님을 믿게 된 과정을 잠시 돌아보고 나누어라. 각자의 이야기가 매우

위대한
여 정

다를 수 있으며, 극적이고 순간적이기보다 느리고 미묘할 수 있음을 명심하라.

탐색

1. "은혜는 '우리의 삶에서 이루어지는 하나님의 행위'로 가장 잘 정의될 수 있다. … 내 삶의 모든 영역에 하나님의 은혜가 필요하다. 내가 호흡하는 공기가 은혜의 행위다. 내가 먹는 음식이 은혜의 행위다(그것이 우리가 식사 전에 '은혜'를 말하는, 즉 식사 기도를 하는 이유다). 하나님은 우리를 자극하고, 우리 죄를 깨닫게 하며, 우리를 위로하고, 우리를 용서하며, 우리를 회복시키고, 우리와 화해하며, 우리를 구속하신다." 은혜에 대한 이러한 이해가 당신이 들은 바와 어떻게 다른가? 은혜에 대한 이런 이해가 당신과 하나님의 관계에 어떤 영향을 미치는가?

2. 저자는 이것을 명확히 한다. "주목하라. 하나님의 행위는 언제나 관계적이다. 하나님은 홀로 행동하지 않고 언제나 관계 속에서 행동하신다. 그래서 우리는 이러한 하나님의 행위를 경험으로 알고 느낀다. 은혜는 둘째 키워드, 곧 지식으로 이어진다. 지식은 무엇인가를 적절한 방식으로 표현하는 능력이다." 당신은 하나님에 대한 당신의 지식과 당신의 삶에서 하나님이 행동하는 방식을 얼마나 확신하는가? 왜 그렇게 느끼는가?

3. "믿음이란 지식에 기초한 지식의 확장이다. 나는 뭔가를, 예를 들면, 하나님은 선하고 의지할 수 있는 분이란 걸 알기 때문에 이 지식에 근거해 행동할 수 있다." 믿음에 대한 우리의 이해가 어떻게 예수님과 함께하는 여정을 바꾸겠는가?

4. 저자는 이렇게 말한다. "우리는 이 위대한 여정에 오를 때, 우리 주, 곧 구주 예수 그리스도의 은혜와 그분을 아는 지식에서 자란다. 이것은 세상이 지금껏 받은 최고의 초대다. 우리는 하나님과 함께하는 삶을 배우는데, 이것은 다름이 아니라 하나님 나라에서 사는 것이다." 이 말이 어떤 도움을 주는가? 이 말이 어떤 좌절이나 혼란을 일으키는가?

5. 저자는 호프(자신의 딸), 바울, 성 아우구스티누스, 사이언스 마이크의 이야기를 들려준다. 각각의 이야기가 신비하며, 저자는 각 이야기에 "신비의 요소 … 말로는 충분히 표현할 수 없는 무엇"이 있다고 규정한다. 당신은 '신비한'이란 단어에 어떻게 반응하는가? 이 이야기들이 은혜와 지식에서 자라는 데 무엇이 따라야 하는지 이해할 수 있도록 해주는가? 설명해 보라.

집중

성경 묵상. 2장의 '영혼의 훈련'은 성경 단락을 묵상하라며 우리를 초대한다. 그룹이 함께 누가복음 2장 41-51절을 소리

위대한
여 정

내어 읽은 후 다음 질문을 두고 함께 토론하라.

1. 누가복음 2장 41-51절을 묵상할 때, 무엇(시각, 후각, 청각)에 주목했는가?
2. 마리아의 말이나 예수님의 말씀에서 특별히 다가온 게 있는가? 있다면 무엇인가?
3. 이 이야기 속에 들어가 보았을 때, 무엇을 느꼈는가?
4. 이 단락에서 받아들이거나 발견하도록 하나님이 당신을 초청하고 계시다고 느끼는가? 그렇다면 어떤 부분인가?

은혜에서 자라는 훈련. 2장의 훈련은 두려움이나 불안에 직면할 때 예수님께 함께해 주시길 구하는 것이었다. 당신은 이 훈련을 적용할 기회가 있었는가? 있었다면, 어떤 경험인가?

또 다른 훈련은 주변에서 보는 선과 아름다움과 진리(진선미)를 일기에 기록하는 것이었다. 저자는 은혜와 진선미를 이렇게 연결한다. "위대한 이야기에서 하나님은 많은 능동 동사의 주어다. 하나님이 **사랑하신다.** 하나님이 **치료하신다.** 하나님이 **돌아가신다.** 하나님이 **살아나신다.** 하나님이 **내려가신다.** 하나님이 **올라가신다.** 모두 우리의 유익을 위해서다. 이러한 은혜의 행위 하나하나가 아름답고 선하며 참되다."

주변에서 보는 선, 아름다움, 진리를 일기에 기록했는가? 그렇다면 일기를 검토해 볼 때, 두드러지게 느껴지는 것이 무엇인가? 어떤 패턴이 보이는가? 이 훈련이 당신과 하나님의 관계, 그리고 하나님을 이해하는 데 어떤 영향을 미치는가?

마무리

다음 성경 구절과 인용문을 소리 내어 읽고 모임을 마무리하라.

하나님께서 세상을 이처럼 사랑하셔서 외아들을 주셨으니, 이는 그를 믿는 사람마다 멸망하지 않고 영생을 얻게 하려는 것이다(요 3:16).

요한복음 17장 3절에서 예수님은 영생이 하나님과 자신을 **아는 것**이라고 하셨다. 그때 예수님은 소통하는 관계를 말씀하신 것이다. 우리의 생명이 하나님의 생명에 사로잡힐 때, 영생이 된다. 그것은 이때 우리의 생명이 하나님의 생명의 일부이기 때문이다.

3장: 위로부터의 삶

준비

3장에서 저자는 '위로부터 태어난다'라는 표현에 대한 이해

위대한
여 정

를 넓히라며 우리를 초대한다. 당신이라면 이 책을 아직 읽지 않은 사람에게 '위로부터 태어난다'라는 표현을 어떻게 설명할지 서로 얘기하면서 모임을 시작하라.

탐색

1. 저자는 3장을 시작하면서 희소병으로 아들을 잃은 부부와 나누었던 대화를 들려준다. 당신은 이 이야기에 어떻게 반응했는가? 당신이 저자의 처지였다면, 이 부부에게 무슨 말을 했겠는가?

2. '거듭남'에서 '위로부터 남'으로 옮겨 가는 패러다임 전환이 당신에게 도전이 되는가? 이것이 당신이 하나님과 함께하는 삶에서 어떤 변화를 일으키겠는가?

3. 잠시 시간을 내어 어린 룰라의 죽음 이야기를 들려주는 에이미 카마이클의 이야기를 다시 읽어라. 이 이야기를 읽을 때 어떤 느낌이 드는가?

4. 12단계 프로그램에서 첫 3단계에 대한 저자의 요약을 다시 살펴보라. 이 단계들을 예수님과 함께하는 당신의 삶에 적용하면 어떤 모습이겠는가?

5. 3장 끝에서 저자는 이렇게 말한다. "복음은 단순히 우리의 죄 문제를 해결하는 것만 다루지 않는다. 복음은 우리가 겪는 고난의 문제도 다룬다. 좋은 소식은 예수님을 따르는 우리는 눈을 크게 뜬 채 다른 세상에 소속되어 그 세상으

로부터 살고 있다는 것이다. 하나님은 우리의 기쁨과 고난 가운데 우리와 함께하신다. 이것이 예수님의 복음이 우리에게 말하는 것이다." 당신은 이 말을 들을 때 어떤 느낌이 드는가? 이 복음에 당신의 눈이 활짝 열린다면, 당신의 삶이 어떻게 달라지겠는가?

집중

성경 묵상. 3장의 '영혼의 훈련'은 요한복음 2장 1-11절, 가나의 혼인 잔치 이야기를 묵상하라며 우리를 초대한다. 그룹이 함께 이 단락을 소리 내어 읽은 후 다음 질문을 두고 함께 토론하라.

1. 개인적인 경건의 시간에 요한복음 2장 1-11절을 묵상할 때, 무엇(시각, 후각, 청각)에 주목했는가?
2. 이 이야기에 나오는 인물이 했던 말 중에 당신에게 특별히 다가온 게 있는가? 있다면 무엇인가?
3. 이 이야기 속에 들어가 보았을 때, 무엇을 느꼈는가?
4. 이 단락에서 받아들이거나 발견하도록 하나님이 당신을 초청하고 계시다고 느끼는가? 그렇다면 어떤 부분인가?

위로부터의 삶을 사는 훈련. 3장을 위한 추가 훈련은 일상적 행동을 할 때 하나님 나라가 가까웠음을 염두에 두고 평범한

위대한
여 정

일상에서 신비를 발견하는 것이었다. 당신은 어떤 식으로 이 훈련을 했는가? 이 훈련이 당신과 하나님의 관계에 어떤 영향을 미쳤는가? 당신이 이 훈련을 다시 한다면, 어떤 다른 방식으로 하겠는가?

마무리

디트리히 본회퍼의 시를 소리 내어 읽고 모임을 마무리하라.

그 무엇도 우리가 사랑하는 사람의
빈자리를 채울 수 없으며,
대체물을 찾으려는 것은 잘못일 것입니다.
우리는 그 빈자리를 버티고 견딜 수밖에 없습니다.

처음에는 매우 힘들게 들립니다.
그러나 그와 동시에 위로가 되기도 합니다.
왜냐하면 간극이 채워지지 않고 그대로 있는 한
우리 사이의 유대를 보존하기 때문입니다.
하나님이 간극을 채우신다고 말하는 것은 난센스입니다.
하나님은 간극을 채우시지 않습니다. 오히려 반대로,
하나님은 큰 아픔이 있더라도 간극을 그대로 두심으로써
우리가 전에 서로 나눴던 교제를
생생하게 되살려 내도록 도우십니다.

스터디
가이드

4장: 하나님께 귀 기울이기

준비

4장을 시작하면서, 저자는 사람들이 하나님의 음성을 들은 경험을 이야기하지 않는 몇 가지 이유를 제시한다. 그 이유에는 이런 것들이 포함된다. 이것은 개인적 경험이다, 내가 들은 게 정말 하나님의 음성인지 파악하기 어렵다, 사람들이 우리 얘기를 들으면 우리더러 미쳤다고 할 것이다, 그리고 이런 경험을 했다고 하면, 우리가 특별하거나 거룩해 보인다. 이런 이유를 화이트보드나 큰 종이에 써 보라. 그런 다음, 멤버들에게 다른 이유가 있다면 나누어 달라고 요청하라. 이 목록을 활용해 토론하라.

탐색

1. 저자는 이렇게 말한다. "하나님의 음성 분별하기는 영원을 사는 삶, 위로부터의 삶에서 필수다." 이 장에서 배운 것 외에 당신은 하나님의 음성 분별하기와 관련해 무엇을 배웠는가? 하나님의 음성 분별하기를 이해하는 데 이 장이 어떻게 도움이 되었는가?

2. 세 단락을 잠시 되짚어 보라. '성경의 증언', '역사 내내', '정말 하나님인가' 이 단락들은 하나님이 사람들에게 말씀하신 몇 가지 예를 제시한다. 이것들을 보면서, 전에는 주

목하지 못했는데 이제 주목하게 된 것은 무엇인가?

3. 저자는 하나님이 자신에게 말씀하시는 여러 방법을 얘기한다. 여기에는 다음과 같은 방법이 포함된다. 다른 사람들의 말을 통한 방법, 조용히 듣는 자세를 취하는 방법, 다른 사람들의 본보기를 통한 방법, 설교나 대화나 문학이나 영화나 노래를 통한 방법. 이것들 중에 전에는 하나님이 우리에게 말씀하시는 방법이라고 생각하지 못했던 것이 있는가? 이 목록을 생각할 때, 하나님이 당신에게 어떤 방법으로 말씀하셨는가?

4. 저자는 어떤 말씀이 과연 하나님에게서 온 것인지를 테스트하는 세 가지 방법을 제시한다. 성경, 환경, 다른 사람. 이러한 제안들이 어떤 도움이 되는가? 당신 스스로 분별할 때 이러한 테스트를 어떻게 활용했는가?

5. 하나님의 음성을 듣는 환경 조성하기와 관련해 다음 제안을 살펴보라.

- 기꺼이 순종하라.
- 당신에게 말씀하시도록 하나님께 구하라.
- 하나님이 당신에게 말씀하실 수 있는 방법을 절대 제한하지 말라.
- 침묵을 통해 공간을 만들라.

스터디
가이드

이 중에서 당신이 보기에 가장 통찰력이 있는 방법은 무엇인가? 어느 것이 가장 어려운가?

집중

성경 묵상. 4장의 '영혼의 훈련'은 요한복음 10장 7-18절을 묵상하라며 우리를 초대한다. 그룹이 함께 이 단락을 소리 내어 읽은 후 다음 질문을 두고 함께 토론하라.

1. 요한복음 10장 7-18절을 묵상할 때, 무엇(시각, 후각, 청각)에 주목했는가?
2. 예수님이 하신 말씀 중에 당신에게 특별히 다가온 게 있는가? 있다면 무엇인가?
3. 이 이야기 속에 들어가 보았을 때, 무엇을 느꼈는가?
4. 이 단락에서 받아들이거나 발견하도록 하나님이 당신을 초청하고 계시다고 느끼는가? 그렇다면 어떤 부분인가?

듣는 훈련. 이번 주 추가 훈련은 사무엘의 기도를 당신의 기도로 삼는 것이었다. 저자는 몇 번 심호흡을 하고 이렇게 기도하라고 했다. "주님, 말씀하십시오. 주님의 종이 듣고 있습니다"(삼상 3:9). 그런 후, 가만히 듣는 자세를 취하고 말씀하시는 하나님께 집중하라.

당신은 어떤 식으로 이 훈련을 했는가? 하나님의 음성을 듣는

위대한
여 정

데 도움이 되도록 이 훈련을 조금 바꾸거나 수정한 부분이 있는가? 이 훈련이 당신과 하나님의 관계에 어떻게 영향을 미쳤는가? 이 훈련을 다시 한다면, 어떤 방식으로 하고 싶은가?

마무리

우리가 하나님의 음성을 들을 때 얻는 것에 관한 다음 글을 읽으면서 모임을 마무리하라. 그룹이 각각에 "아멘"으로 답하게 하라.

> 리더: 우리는 하나님의 음성 듣는 법을 배울 때, 하나님 나라 어디나 접근할 수 있는 통행권을 얻습니다.
> **전체: 아멘!**

> 리더: 우리에게 필요한 것들에 대한 인도와 방향.
> **전체: 아멘!**

> 리더: 어려운 결정들을 내리는 데 필요한 분별력.
> **전체: 아멘!**

> 리더: 주어진 말씀에 순종한 결과로 얻는 성품.
> **전체: 아멘!**

스터디
가이드

리더: 믿음, 소망, 사랑.

전체: 아멘! 아멘!

5장: 편안하게 믿음에 잠기다

준비

달라스 윌라드의 말을 소리 내어 두 번 읽으면서 모임을 시작하라. "큰 믿음은, 흔히 큰 힘처럼, 수월하게 작동하는 게 특징이다. … 우리가 믿음의 몸부림이라 생각하는 것은 대부분 우리에게 있지도 않은 믿음이 있는 것처럼 행동하려는 몸부림이다."

탐색

1. 저자는 하루 계획표 사용하기(내일도 해가 뜰 거야), 호프의 첫 데이트, 의자에 앉기(의자에 대한 믿음), 하나님이 상자 밖으로 나오시게 하는 스티브의 여정 같은 여러 예와 비유를 들어 믿음을 설명한다. 이 가운데 어느 것이 당신에게 가장 도움이 되었는가? 그것의 어떤 부분이 도움이 되었는가?
2. 5장은 믿음과 관련된 성경의 이야기 두 개를 들려준다. 하나님을 기다리는 아브라함과 골리앗을 마주한 다윗이다. 이 이야기들에서 믿음이 작동하는 방식과 관련해, 당신은

위대한
여 정

무엇에 놀랐는가?

3. 저자는 믿음을 '지식에 기초한 지식의 확장'으로 정의한다. 이 장을 읽기 전에 믿음에 대해 이해한 것과 이 정의가 어떻게 다른가?

4. 저자는 믿음, 소망, 사랑이 신학적 덕목이라 불린다고 설명한다. 이것들이 하나님의 행위 위에 세워지기 때문이다. 이것을 염두에 두고, 어떤 사람이 어떻게 하면 하나님을 믿는 믿음을 키울 수 있느냐고 묻는다면, 당신은 어떻게 하라고 조언하겠는가?

5. 이 장에서 저자는 믿음과 의심뿐 아니라 믿음과 행위의 관계를 탐구한다. 이러한 용어들에 대한 설명이 당신이 가졌던 의문들을 어떻게 다루었는가? 당신에게 여전히 남아 있는 의문은 무엇인가?

6. 저자는 이렇게 말한다. "무엇인가를 염려한다면, 하나님이 내 삶의 그 영역에서 한 부분이 되시게 하지 못했다는 확실한 표시다." 당신의 삶에서 염려되는 부분들을 생각해 보라. 하나님께 맡겨 드리기를 하나님이 기다리시는 부분이 보이는가?

집중

성경 묵상. 5장의 '영혼의 훈련'은 마태복음 8장 5-13절을 묵상하라며 우리를 초대한다. 그룹이 함께 이 단락을 소리 내어 읽은 후 다음 질문을 두고 함께 토론하라.

1. 마태복음 8장 5-13절을 묵상할 때, 무엇(시각, 후각, 청각)에 주목했는가?
2. 이 이야기에 등장하는 인물의 자리에 자신이 있음을 발견했는가?
3. 예수님이 하신 말씀 중에 주목을 끄는 게 있었는가?
4. 이 이야기 속에 들어가 보았을 때, 무엇을 느꼈는가?
5. 이 단락에서 받아들이거나 발견하도록 하나님이 당신을 초청하고 계시다고 느끼는가? 그렇다면 어떤 부분인가?

믿음 훈련. 이 장의 '영혼의 훈련'은 다음과 같은 훈련을 제안한다.

1. **기도.** 저자는 한 주 동안 기도 일기를 계속 쓰면서, 당신의 기도 제목을 기록하고 하나님이 해 주시길 구하는 것을 구체적으로 기록하라고 말한다. 과거에 기도 일기를 써 본 적이 있는가? 이 훈련이 어떻게 당신의 믿음을 형성했는가? 기도 일기를 써 본 적이 없다면, 이 훈련이 어떻게 당신의 믿음을 형성하겠는가?
2. **구하고 순종하라.** 이 훈련은 조용한 곳을 찾아 경청하는 자세로 하나님 앞에 앉으라고 우리를 초대한다. 당신은 이런

경청의 시간을 따로 가질 수 있었는가? 부담이 되지 않는다면, 하나님이 당신을 인도하신 이야기를 나누어라. 당신은 그분의 인도에 기초해 행동할 수 있었는가?

마무리

이 기도로 모임을 마무리하라.

당신의 말씀을 신뢰하겠습니다. 당신께서는 염려하지 말라고 하셨습니다. 염려는 아무 유익이 없고 해가 크다고 하셨습니다. 이제 이것을 알았습니다. 당신의 말씀을 의지해 행할 수 있게 도와주십시오. 신뢰하고, 염려하지 않도록 도와주십시오. 아멘.

6장: 소망을 품다

준비

저자는 6장을 시작하면서 덴버 브롱코스팀이 2011년에 만들어 낸 '풋볼의 기적'을 소개한다. 작은 방식으로 소망을 얻는 재미난 이야기다. 그룹이 함께 누군가에게 (크거나 작은) 소망을 얻었던 경험을 나누면서 모임을 시작하라.

탐색

1. 이 장에서 저자는 믿음과 지식과 소망의 관계를 토대로 논의를 이어 간다. 그는 이렇게 말한다. "현재와 관련해, 우리는 믿음이 필요하다. … 믿음은 지식에 기초한 지식이 확대된 것이다. 우리는 하나님을 알게 되었고, 하나님은 아름답고 선하며 참되기 때문에 우리는 현재의 순간에 믿음을 가질 수 있다. 소망도 같은 원리다. 우리는 하나님을 알게 되었고, 하나님은 아름답고 선하며 참되기 때문에 우리는 미래에 대해 소망을 가질 수 있다. 하나님은 성실하게 우리의 과거를 회복하셨을 뿐만 아니라, 어려울 때 현재하는 도움이다." 이 설명은 당신이 소망을 생각하는 방식에 어떤 도전이 되는가? 혹은 소망에 대한 사고방식을 바꿔 놓는가?

2. 초자연적 소망은 우리의 행동이 아니라 하나님의 행동에 기초한다. 저자는 이렇게 말한다. "예수님의 부활은 우리 소망의 기초다. 이 부활은 초자연적 행위였다. 이것은 우리가 할 수 있는 일이 아니다. 그러나 하나님이 이것을 하셨음을 알기에, 우리는 하나님이 우리의 미래를 궁극적으로 다스리시길 소망한다." 예수님이 우리 소망의 기초라는 말은 당신에게 무슨 뜻인가?

3. 저자의 말을 곱씹어 보라. "우리는 근본적으로 변화되었다. 부활이 우리의 존재 자체를 바꿔 놓았다. 우리는 그리

위대한
여 정

스도께서 내주하시는 사람이다." 그리고 "그리스도께서 죽은 자 가운데서 다시 살아나셨고, 성령의 능력으로 지금 우리 안에 계신다는 것은 놀라운 신비다. 이것이 영광의 소망이다." 당신은 자신의 말로 이 개념을 어떻게 설명하겠는가?

4. 저자는 이렇게 말한다. "우리는 현재에 대해 믿음을 실천하지만, 보이지 않고 알 수 없는 미래에 대해서는 소망을 의지한다. 이런 까닭에, 소망은 자연스럽게 인내를 낳는다." 당신의 경험에 비춰 볼 때, 이 말은 사실인가? 설명해 보라.

5. 절망의 자리에 있는 사람들을 생각하면서, 저자는 이렇게 말한다. "핵심은 소망이란 우리가 하는 그 무엇이 아니라는 것이다. 오히려 우리가 위로부터의 삶을 살고, 은혜에서 자라며, 믿음으로 살기 시작할 때 더 힘을 얻는다. 이것이 우리가 이 캄캄한 골짜기에서 할 수 있는 전부다. 하나님이 나와 함께하신다는 사실, 내가 캄캄한 밤을 지날 때에도 나와 함께하신다는 사실이 위로가 된다." 이 말이 당신에게 도움이 되는가? 왜 도움이 되는가, 아니라면 왜 도움이 되지 않는가? 당신이라면 어떤 말을 덧붙이겠는가?

집중

성경 묵상. 6장의 '영혼의 훈련'은 누가복음 2장 25-35절을 묵상하라며 우리를 초대한다. 시므온이 성전에 들어온 아기 예수님이 메시아이심을 알아본 장면이다. 그룹이 함께 이 단락을 소리 내어 읽은 후 다음 질문을 두고 함께 토론하라.

1. 당신은 누가복음 2장 25-35절을 묵상할 때, 무엇(시각, 후각, 청각)에 주목했는가?
2. 이 이야기에 등장하는 인물의 자리에 자신이 있음을 발견했는가?
3. 이 이야기 속에 들어가 보았을 때, 무엇을 느꼈는가?
4. 이 단락에서 받아들이거나 발견하도록 하나님이 당신을 초청하고 계시다고 느끼는가? 그렇다면 어떤 부분인가?

소망 훈련. 이 장의 '영혼의 훈련'은 다음과 같은 훈련을 제안한다.

1. **과거를 기억하며 미래 내다보기**. 이 훈련으로, 저자는 하나님이 과거에 우리의 삶에서 어떻게 행하셨는지 숙고한 후에 하나님이 우리의 미래에서 어떻게 계속 일하실지 숙고하라며 우리를 초대한다. 이 훈련이 당신에게 어떤 영향을 미쳤는가? 어려움을 만났으나 하나님이 과거에 하신 일을 기억하고 숙고함으로써 이겨 낸 적이 있는가.
2. **구속적인 기억하기**. 둘째 훈련은 과거의 상처와 실망을 돌

아보면서 하나님이 그 순간에 어떻게 일하셨는지 분별하는 것이었다. 과거를 돌아보면서, 당신의 삶에서 이루어진 하나님의 행위와 관련해 어떤 새로운 것을 발견했는가? 이 훈련이 당신에게 어떤 영향을 미쳤는가?

마무리

저자는 이렇게 지적한다. "우리는 주기도문의 각 구절을 기도할 때, 소망으로 기도한다. 주기도문의 각 구절은 모두 미래를 향하며, 하나님의 약속에 기초한다. 기도는 소망이다." 이 인용에 비추어, 함께 주기도문을 천천히 암송하면서 모임을 마무리하라.

7장: 사랑에 놀라다

준비

7장에서 저자는 젖과 꿀을 다 받는 것이 중요함을 설명한다. 그룹 멤버들을 향해 이렇게 말함으로써 서로 인정하며 모임을 시작하라. "여러분이 있어서 얼마나 좋은지 모르겠습니다!"

탐색

1. 저자는 공항에 가려고 우버를 탔다가 화가 난 이야기를 들

려주면서 겸손하게 시작한다. 당신은 이 이야기에 어떻게 반응했는가? 당신은 저자의 시각에 공감할 수 있는가? 그렇다면, 어떤 방식으로 그렇게 할 수 있는가?

2. 베르니니가 조각한 〈아빌라의 테레사〉의 조각 사진을 보고, 테레사의 자서전에서 인용한 구절을 읽으면서 불편했는가? 왜 불편했는가, 그렇지 않다면 왜 불편하지 않았는가?

3. 저자는 이렇게 말한다. "나 자신을 하나님이 나를 보시듯이 보는 것이다. 즉 사랑스럽지 않은 쓰레기가 아니라 하나님이 참으로 욕망하시는 사람으로 보는 것이다." 어떤 식으로, 하나님이 당신을 보시는 것처럼 자신을 보는 법을 배웠는가? 그 결과는 무엇이었는가?

4. 스미스는 에로스, 필레오, 스톨게, 아가페가 자신의 결혼 생활에서 어떻게 작동하는지 설명한다. 당신의 삶에서 네 가지 사랑이 모두 있는 관계를 생각할 수 있는가? 그 관계를 묘사해 보라.

5. 신약성경에는 다음과 같은 저자의 말을 확인해 주는 진술과 이야기가 많다. "신약성경은 하나님의 사랑이 이웃 사랑과 자기 사랑으로 이어져야 한다고 너무도 분명하게 말한다." 당신은 어떤 이야기와 구절이 떠오르는가?

6. 저자는 이렇게 결론짓는다. "대속의 불완전한 복음을 넘어서지 못하면 절대로 예수님을 '우리 영혼의 연인'으로 보지 못하고 우리 죄를 위한 희생자로만 보게 된다. 우리는

위대한
여 정

자신을 사랑스럽게 볼 방법이 없을 테고, 자기 사랑과 이웃 사랑이 매번 힘겨운 도전이 될 것이다." 하나님의 사랑을 받아들임으로써, 자신과 이웃을 사랑하는 능력이 어떤 식으로 커졌는가?

집중

성경 묵상. 7장의 '영혼의 훈련'은 요한복음 15장 12-17절을 묵상하라며 우리를 초대한다. 예수님이 제자들에게 서로 사랑하라고 명하시는 장면이다. 그룹이 함께 이 단락을 소리 내어 읽은 후 다음 질문을 두고 함께 토론하라.

1. 요한복음 15장 12-17절을 묵상할 때, 무엇(시각, 후각, 청각)에 주목했는가?
2. 이 이야기에 등장하는 인물의 자리에 자신이 있음을 발견했는가?
3. 이 이야기 속에 들어가 보았을 때, 무엇을 느꼈는가?
4. 이 단락에서 받아들이거나 발견하도록 하나님이 당신을 초청하고 계시다고 느끼는가? 그렇다면 어떤 부분인가?

사랑 훈련. 저자는 우리의 삶에서 하나님의 사랑을 받아들이는 세 가지 훈련을 제안한다. (1) 만나는 사람들과 함께하기, (2) 성찰 기도, (3) 부끄러움이 자신에게 어떻게 영향을 미치는지 살피기.

- 당신은 세 가지 훈련 중 어느 것을 활용했는가?
- 이 훈련들을 하면서 무엇에 주목했는가?
- 당신의 경험에서 무언가를 발견하도록 하나님이 초청하고 계신다고 느끼는 것이 있는가? 있다면 무엇인가?

마무리

에밀 브루너의 다음 글을 천천히 읽으면서 모임을 마무리하라.

그리스도께서 우리를 우리의 죄책에서 자유하게 함으로써 우리를 우리의 과거로부터 자유하게 하신다. 우리의 죄책을 자신에게 지움으로써 이렇게 하신다 … 그분은 이렇게 말씀하신다. "그것은 내 것이니 잊어라. 내가 네 과거를 진다. 내가 네 죄책을 진다." 그리스도를 믿는다는 것은 우리의 과거가 십자가 아래서 그리스도 안에 묻힌다는 뜻이다. … 그리스도께서는 이렇게 말씀하심으로써 우리를 우리의 미래로부터 자유하게 하신다. "내가 너의 미래다. 그러므로 너는 염려할 필요가 없다. 너의 미래는 하나님의 뜻 안에서 안전하다. 너의 미래는 하나님과 함께하고 모든 하나님의 백성과 함께하는 영생이다. 너는 미래를 염려할 필요가 없다. 너의 불안과 두려움은 사라

위대한
여 정

질 수 있고, 사라져야 한다! 내가 너의 미래다. 너의 미래는 내 안에서 보장된다."

8장: 더 깊은 기쁨을 발견하다

준비

8장에서 저자는 행복은 "외부 환경과 연결되고" 기쁨은 "외부 환경에 의존하지 않는다"고 설명한다. 행복했지만 기쁘지 않았던 순간이나 기뻤지만 행복하지 않았던 순간을 서로 잠시 나누어라.

탐색

1. 저자는 이렇게 말한다. "기쁨이란 구석구석 배어 있고 변함이 없으며 끝이 없는 행복감이다. 기쁨은 내어드림에서 흘러나오며, 은혜에서 자라고, 하늘나라와 소통하며, 하나님과 교통하고, 믿음으로 행하며, 소망을 품고 살고, 하나님과 자신과 이웃을 사랑한다. 바꾸어 말하면, 이 책 1-7장은 기쁨으로 이어진다. 진정한 기쁨은 고난과 상실 가운데서도 경험할 수 있다." 이 책의 주제들이 어떻게 기쁨으로 이어지는지 자신의 말로 설명해 보라.

2. 저자는 사도 바울을 가리키면서 이렇게 말한다. "바울은

감옥에서 이른바 '기쁨의 편지'(빌립보서)를 썼다! 여기서 우리는 칼 바르트가 말하는 '그럼에도 불구하고 맞서는' 기쁨을 발견한다." 당신은 바울의 기쁨에서 어떤 통찰을 얻는가?

3. 저자는 이렇게 말한다. "기쁨은 자신을 희생해 내어줄 때 온다. 기쁨은 하나님이 행하신 일에 반응해 우리가 하는 일에서 온다. 좋은 소식은 외부 환경에 따라 달라지는 행복을 통제할 수는 없지만, 기쁨에 관해서는 배울 수 있다는 것이다." 기쁨에 대해서 배울 수 있다는 쪽으로 당신의 시각이 어떻게 바뀌었는가?

4. 다섯 가지 기쁨 훈련은 연결, 받아들임, 관점 바꾸기, 감사, 베풂이다. 이 다섯 가지 훈련 중에 어느 것에 가장 끌리는가? 어떻게 그 훈련을 자신의 일상에 적용할 수 있겠는가?

5. 에밀리 펄 킹즐리의 글을 소리 내어 읽어라. 이 글이 어떤 감동을 주는가? 자신의 삶 어느 부분에서 받아들이는 훈련을 하도록 초청받고 있는가?

6. 기쁨을 향한 여정에는 많은 게 달려 있다. 저자는 이렇게 말한다. "세상은 그리스도인들이 예수님의 기쁨을 누리며 사는 모습을 보려고 기다린다. 일단 이런 모습을 보면, 세상도 이 기쁨을 원할 것이다. 기쁨은 우리의 삶을 활기차게 할 뿐 아니라, 우리가 복음을 전하는 가장 효과적인 방법이다." 언제 그리스도인의 기쁨이 당신을 예수님께 이끌

위대한
여 정

었는가?

집중

성경 묵상. 8장의 '영혼의 훈련'은 마리아가 엘리사벳을 방문한 이야기를 다루는 누가복음 1장 39-45절을 묵상하라며 우리를 초대한다. 그룹이 함께 이 단락을 소리 내어 읽은 후 다음 질문을 두고 함께 토론하라.

1. 누가복음 1장 39-45절을 묵상할 때, 무엇(시각, 후각, 청각)에 주목했는가?
2. 이 이야기에 등장하는 인물의 자리에 자신이 있음을 발견했는가?
3. 이 이야기 속에 들어가 보았을 때, 무엇을 느꼈는가?
4. 이 단락에서 받아들이거나 발견하도록 하나님이 당신을 초청하고 계시다고 느끼는가? 그렇다면 어떤 부분인가?

기쁨 훈련. 저자는 우리의 삶에서 기쁨을 촉진하는 두 가지 훈련을 제안한다. (1) 감사 쟁반 활용하기, (2) 10분간 다른 사람들의 행복 생각하기.

- 둘 중 어느 쪽을 활용했는가?
- 이 훈련들을 하면서 무엇에 주목했는가?

스터디
가이드

- 당신의 경험에서 무언가를 발견하도록 하나님이 초청하고 계신다고 느끼는 것이 있는가? 있다면 무엇인가?

마무리

아시시의 프란체스코가 드린 다음 기도를 소리 내어 읽으면서 모임을 마무리하라.

주님, 나를 당신의 평화의 도구로 써 주소서.
미움이 있는 곳에 사랑을
상처가 있는 곳에 용서를
의심이 있는 곳에 믿음을
절망이 있는 곳에 희망을
어둠이 있는 곳에 빛을
슬픔이 있는 곳에 기쁨을 심게 하소서.

주님, 위로받기보다는 위로하며
이해받기보다는 이해하며
사랑받기보다는 사랑하게 하소서.

우리는 줌으로써 받고
용서함으로써 용서받으며
죽음으로써 영생으로 다시 태어나기 때문입니다.

위대한
여 정

제1장: 내어드림의 길

1. Augustine, *Confessions*, bk. 10. 다음도 보라. James B. Smith, "The Jogging Monk and the Exegesis of the Heart," *Christianity Today*, July 21, 1991,《고백록》(CH북스, 2019).

2. Scott Lamb, "The Annunciation by Henry Tanner," *Washington Post*, December 21, 2015.

3. Michael J. Wilkins, *Matthew*, The NIV Application Commentary (Grand Rapids: Zondervan, 2004), 322.

4. Dallas Willard의 말이며, 다음에서 재인용했다. Keith Matthews, "How Is It with Your Soul?" *Sojourners*, November-December 2003, https://sojo.net/magazine/november-december-2003/how-it-your-soul.

5. Dallas Willard, *Renovation of the Heart* (Colorado Springs: NavPress, 2002), 64.《마음의 혁신》(복있는 사람, 2003).

6. Søren Kierkegaard, *The Sickness unto Death* (New York: Penguin, 2004).《죽음에 이르는 병》(한길사, 2007).

7. Augustine, *Confessions*, chap. 1,《고백록》, 박문재 옮김(CH북스, 2019).

8. Willard, *Renovation of the Heart*, 68,《마음의 혁신》(복있는 사람, 2003).

9. Dallas Willard, *The Spirit of the Disciplines* (New York: HarperCollins, 1988), 263, 265.《영성 훈련》(1993. 은성).

10. Grace Adolphsen Brame, *Faith, the Yes of the Heart* (Minneapolis: Augsburg Fortress Press, 1999), 46.

11. 이 기도문은 다음과 같이 번역되어《가톨릭 성가》(221 받아주소서)에도 실렸다(옮긴이).

> 나를 온전히 받아 주소서
> 주여, 나를 온전히 받아 주소서
> 나의 모든 자유와 나의 기억과 지력
> 나의 의지, 소유한 이 모든 것을
> 주여 당신께 드리리이다
> 이 모든 것 되돌려 드리오리다

12. Rich Mullins, "Hold Me, Jesus," *A Liturgy, a Legacy, and a Ragamuffin Band*, Reunion Records, 1993.

제2장: 은혜와 지식에서 자라다

1. C. S. Lewis, *Surprised by Joy: The Shape of My Early Life* (New York: Harcourt Brace Jovanovish, 1955), 200.《예기치 못한 기쁨》(홍성사, 2018).

2. Augustine, *The Confessions of St. Augustine*, bk. 8, chap. 12, trans. Edward Pusey, Harvard Classics 2.1 (New York: Collier, 1909).《고백록》(CH북스, 2019).

3. Mike McHargue, *Finding God in the Waves* (New York: Convergent, 2016), 124-125.

위대한
여 정

4. McHargue: *Finding God in the Waves*, 127.

제3장: 위로부터의 삶

1. 예수님이 사시던 시대에, 유대인들의 사상은 '현세'와 '내세'의 이분법 위에 세워졌다. 내세는 메시아가 와서 보좌에 앉을 때 나타날 것이다 ("주님께서 내 주님께 말씀하시기를 '내가 너의 원수들을 너의 발판이 되게 하기까지, 너는 내 오른쪽에 앉아 있어라.'" 시 110:1). 따라서 바울은 골로새서 3장 1절에서 예수님이 지금 "하나님의 오른쪽에 앉아 계십니다"라고 말할 때, 내세가 왔다고 주장하고 있다. 그러나 이것은 두 은유, 곧 시대(ages)와 차원(planes)을 섞는 것이다. 바울은 차원을 선호하는 것으로 보인다. 더 깊은 통찰은 다음을 보라. G. B. Caird, *Paul's Letters from Prison,* New Clarendon Bible (Oxford: Oxford University Press, 1976), 202.

2. Caird, *Paul's Letters from Prison*, 202.

3. John Wesley, *The New Birth*, Works of John Wesley 2 (Nashville: Abingdon, 1984). 본래 설교문이 크게 중복되고 아주 길어서 요약하고 다듬어서 여기에 실었다.

4. 앞의 책.

5. Amy Carmichael의 글을 다음에서 재인용했다. Elizabeth Ruth Skogland, *Amma: The Life and Words of Amy Carmichael* (Eugene, OR: Wipf & Stock, 2014), 101.

6. Julian of Norwich, *Showings*, trans. Edmund Colledge and James Wals (Mahwah, NJ: Paulist Press, 1978), 58.《계시》(KIATS, 2019).

7. Dietrich Bonhoeffer, *Letters and Papers from Prison* (New York: MacMillan, 1972), 176-177.

주

제4장: 하나님께 귀 기울이기

1. Tanya Marie Luhrmann, "My Take: If You Hear God Speak Audibly, You (Usually) Aren't Crazy," *CNN*, December 29, 2012, http://religion.blogs.cnn.com/2012/12/29/my-take-if-you-heargod-speak-audibly-you-usually-arent-crazy.

2. Charles A. Miles, "In the Garden," 1913. 〈저 장미꽃 이슬 위에〉(새찬송가 442장).

3. E. Stanley Jones의 설교로 다음에서 재인용했다. Timothy C. Glover, "The Clarion Call of the Voice of God," FaithLife Sermons, January 26, 1997, https://sermons.faithlife.com/sermons/111872-the-clarion-call-of-thevoice-of-god.

4. William Penn, *Fruits of Solitude* (Cambridge, MA: Harvard Classics, 1909-1914).

5. Dallas Willard, *Hearing God* (Downers Grove, IL: InterVarsity Press, 2012), 262, 《하나님의 음성》(IVP, 2001).

제5장: 편안하게 믿음에 잠기다

1. "Pistis," *Dictionary of New Testament Theology*, ed. Colin Brown (Grand Rapids: Zondervan, 1975), 1:601.

2. Augustine의 말로 다음에서 재인용했다. Josef Pieper, *Faith, Hope, Love* (San Francisco: Ignatius Press, 1986), 25.

3. N. T. Wright, *After You Believe* (New York: HarperOne, 2010), 203; 강조는 덧붙인 것이다. 《그리스도인의 미덕》(포이에마, 2010).

4. Stevie Wonder, "Superstition," *Talking Book*, Tamla Records, 1972.

5. Brown, "Pistis," 605, C. S. Lewis, "The Efficacy of Prayer," in *The*

World's Last Night and Other Essays (New York: Harvest, 2002).

6. 이것은 달라스 윌라드가 강의에서 숱하게 했던 말이다. 나는 이 말을 나의 노트에 적어 두었다.

제6장: 소망을 품다

1. Andrea McArdle, "Tomorrow," *Annie*, 1977.

2. N. T. Wright, *After You Believe* (New York: HarperOne, 2010), 203. 《그리스도인의 미덕》(포이에마, 2010).

3. Cyprian, "Cyprian of Carthage: Waiting and Patience Are Needful," *Enlarging the Heart* (blog), September 16, 2016, https://enlargingtheheart.wordpress.com/2016/09/16/cyprian-of-carthage-waiting-and-patience-are-needful-that-we-may-fulfil-that-which-we-have-begun-to-be.

4. Augustine, *Contra Faustum* 11, 7, trans. Phillip Schapff.

5. Augustine, *De Doctrina Christiana* 1, 35, trans. R. P. H. Green.

6. Isaac the Syrian, *Ascetical Homilies*, sermon 25.

7. Thomas Aquinas, *Compendium Theologiae* 2, 3, trans. Richard J. Regan.

8. Council of Trent, session 6, chap. 13.

9. Bill Gaither, "Because He Lives," 1971, Hans Urs von Balthasar, *Love Alone Is Credible*, trans., D. C. Schindler(San Francisco: Ignatius Press, 1963), 95.

제7장: 기쁨에 놀라다

1. Mia Szalivitz, "Touching Empathy: Lack of Physical Affection Can Actually Kill Babies," *Psychology Today*, March 1, 2010,

www. psychologytoday.com/blog/born-love/201003/touching-empathy.

2. David R. Hamilton, "The Five Side Effects of Kindness," *David R. Hamilton PhD*(blog), May 30, 2011, http:// drdavidhamilton.com/the-5-side-effects-of-kindness.

3. C. S. Lewis, *The Four Loves* (San Francisco: Harper-One, 2017), 12. 《네 가지 사랑》(홍성사, 2019).

4. Cynthia Bourgeault, *The Meaning of Mary Magdalene: Discovering the Woman at the Heart of Christianity* (Boston: Shambhala, 2010), 121-22.

5. Teresa of Ávila, *Autobiography*, chap. 29, pt. 17 (Mineola, NY: Dover, 2010).

6. Emil Brunner, *Faith, Hope, and Love* (Philadelphia: Westminster Press, 1956), 65.

7. Aristotle, *Nicomachean Ethics*, bk. 9, trans Terence Irwin. 《니코마코스 윤리학》(2013, 숲).

8. Dallas Willard, 내 개인 노트에서.

9. "The Orphanage Problem," *National Geographic*, July 31, 2013, http://phenomena.nationalgeographic.com/2013/07/31/the-orphanageproblem. 스피츠는 기관에서 영아들이 사랑 결핍으로 고통당하며―이들이 중요한 부모-자식 관계를 경험하지 못하며―이 때문에 아프거나 심지어 죽기까지 한다고 생각했다. 자신의 이론을 검증하기 위해, 스피츠는 고립된 병원 신생아실에서 자란 영아들과 감옥에서 재소자 엄마 밑에서 자란 영아들을 비교했다. 많은 사람과 함께 갇혀 있는 데서 생기는 감염이 문제라면, 두 그룹의 영아들 모두 안 좋았어야 했다. 사실, 깨끗한 위생 상태를 고려하면 병원의 아이들이 나았

위대한
여 정

어야 했다. 그러나 사랑이 중요하다면, 재소자들의 아이들이 이길 것이다. 사랑이 이겼다. 황량한 병동에 갇힌 영아들 중 37퍼센트가 죽은 반면, 감옥에서 자란 영아들은 하나도 죽지 않았다. 감옥의 아이들이 더 빨리 자랐고, 더 컸으며, 스피츠가 측정할 수 있는 모든 부분에서 더 나았다. 대조적으로, 병원에서 살아남은 고아들은 온갖 질병에 더 쉽게 걸렸다. 이들은 뼈가 앙상했고 분명한 심리 장애, 인지 장애, 행동 장애를 보였다.

10. Josef Pieper, *Faith, Hope, Love* (San Francisco: Ignatius Press, 1997), 175.

11. Linda Schubert, *Miracle Hour: A Method of Prayer That Will Change Your Life* (San Jose, CA: Imprimatur, 1992), 7.

12. Brunner, *Faith, Hope, and Love*, 73.

13. Brunner, *Faith, Hope, and Love*, 72.

14. Brunner, *Faith, Hope, and Love*, 73-74.

15. Brunner, *Faith, Hope, and Love*, 74.

16. Dietrich Bonhoeffer, *The Cost of Discipleship* (New York: Macmillan, 1937), 7,《나를 따르라》(복있는사람, 2016).

17. David Bentley Hart, *Atheist Delusions: The Christian Revolution and Its Fashionable Enemies* (Ann Arbor, MI: Sheridan Books, 2009), 163,《무신론자들의 망상》(한국기독교연구소, 2016).

18. *Atheist Delusions*, 163.

19. Flavius Claudius Julianus의 말로 Hart, *Atheist Delusions*, 154에서 재인용했다.

20. Hart, *Atheist Delusions*, 115.

21. Brunner, *Faith, Hope, and Love*, 73.

주

제8장: 더 깊은 기쁨을 발견하다

1. Charles Spurgeon, "A Happy Christian," sermon 736, *Spurgeon's Sermons* (Grand Rapids: Baker, 1996).

2. Dalai Lama, Desmond Tutu, and Douglas Abrams, *The Book of Joy* (New York: Random House, 2016), 49. Philip Brickman, Dan Coates, Ronnie Janoff-Bulman의 공동 연구인 "Lottery Winners and Accident Victims: Is Happiness Relative?"는 조금 오래되었지만(1978), 나는 그 결과가 세대마다 다를 거라 생각하지 않는다.

3. Karl Barth, *The Epistle to the Philippians* (Louisville, KY: Westminster John Knox, 2002), 120.

4. 이 기도는 아시시의 프란체스코와 관련이 있지만, 그 기원은 1912년 이전으로 거슬러 올라갈 수 없다. 다음을 보라. "Prayer of Saint Francis," Wikipedia, https://en.wikipedia.org/wiki/Prayer_of_Saint_Francis.

5. "Perfect Joy According to St. Francis of Assisi," Missa, www.missa.org/joie_parfaite_e.php.

6. Dalai Lama, Tutu, and Abrams, *Book of Joy*, 100. 《기쁨의 발견》(예담, 2017).

7. Reinhold Niebuhr, "The Serenity Prayer," 1943. "The Serenity Prayer, Internet Resources"을 보라. 2018년 5월 17일 접속 http://skdesigns.com/internet/articles/prose/niebuhr/serenity_prayer.

8. Dalai Lama, Tutu, and Abrams, *Book of Joy*, 195.

9. Dalai Lama, Tutu, and Abrams, *Book of Joy*, 243.

10. Dalai Lama, Tutu, and Abrams, *Book of Joy*, 59.

위대한
여 정

위대한 여정

제임스 브라이언 스미스 지음
전의우 옮김

2022년 1월 17일 초판 1쇄 발행

펴낸이 김도완
등록번호 제2021-000048호
    (2017년 2월 1일)
전화 02-929-1732
전자우편 viator@homoviator.co.kr

펴낸곳 비아토르
주소 서울시 종로구 삼일대로 428, 500-26호
    (우편번호 03140)
팩스 02-928-4229

편집 최은하
제작 제이오

디자인 임현주
인쇄 민언프린텍
제본 책공방

ISBN 979-11-91851-20-5 03230

저작권자 ⓒ 제임스 브라이언 스미스, 2022